中文版权 © 2023 河南文艺出版社

经授权,河南文艺出版社有限公司独家享有本书的中文(简体)版权

豫著许可备字-2023-A-0144

图书在版编目(CIP)数据

　　吉尔吉斯斯坦之光:印在索姆币上的诗人奥斯莫诺夫
传/(吉尔)康艾什·朱素波夫著;达吾提·阿不都巴热
译. --郑州:河南文艺出版社,2024.12
　　ISBN 978-7-5559-1643-7

　　Ⅰ.①吉…　Ⅱ.①康…②达…　Ⅲ.①奥斯莫诺夫-传
记　Ⅳ.①K833.645.6

　　中国国家版本馆 CIP 数据核字(2023)第 255456 号

选题策划	马　达　丁晓花			
责任编辑	丁晓花			
书籍设计	张　萌			
责任校对	赵红宙			
特邀统筹	李亚楠　王晓媛			

出版发行	河南文艺出版社	印　张	6	
社　址	郑州市郑东新区祥盛街 27 号 C 座 5 楼	字　数	107 000	
承印单位	河南印之星印务有限公司	版　次	2024 年 12 月第 1 版	
经销单位	新华书店	印　次	2024 年 12 月第 1 次印刷	
开　本	890 毫米 × 1240 毫米　1/32	定　价	55.00 元	

印厂地址　河南省新乡市平原示范区中原国印文创产业园 A6 号 101

邮政编码　453500　　电话　0371-55658707

作者简介

康艾什·朱素波夫,吉尔吉斯斯坦现当代作家、评论家。1961 年毕业于吉尔吉斯国立大学语言学系。起初,他通过创作短篇小说和中篇小说闻名于世,后因编著众多关于吉尔吉斯历史、散吉拉(谱系学)、民俗习惯相关的时事评述、科普书等而出名。他被授予"吉尔吉斯共和国人民作家"、吉尔吉斯共和国文艺界最高奖托克托古尔奖、二星玛纳斯勋章、"劳动勇气"奖章等多项荣誉。

其创作的《吉尔吉斯斯坦之光——印在索姆币上的诗人奥斯莫诺夫传》原版第一版出版于 1974 年,展现了吉尔吉斯共和国伟大的诗人阿勒库勒·奥斯莫诺夫的生平,1975 年,这部作品被授予吉尔吉斯苏维埃共和国文学领域的列宁共青团奖。

我宁愿放弃生命也不会放弃诗歌，

没有诗歌的生命空虚而颓废，

我敢对造物主说谎千次，

却不敢对我的诗歌说谎一次。①

——阿勒库勒·奥斯莫诺夫

---

① 引自阿地里·居玛吐尔地编译:《吉尔吉斯斯坦诗选(上册)》,作家出版社,2019 年,第 75 页。——译者注

阿勒库勒·奥斯莫诺夫（1915—1950）

目
录

序　1

序

  我小的时候把阿勒库勒·奥斯莫诺夫看得如盘旋在苍穹中的凤凰一般。阿肯①这一词在我观念里是沐浴在春风里,漫步在白云之间,在星辰大海中寻觅诗歌的奇幻之人。如今感慨,或许我那儿时的幻想也没有错,毕竟只有飞马才配得上翅膀。

  随着我慢慢地长大,我感觉到他那朦胧的面容、内心深处的秘密越来越清晰可见。仿佛他那诗歌字里行间就隐藏着他的秘密。他诗歌中的每一个词都用得恰到好处,在他的诗句中隐约能听到美妙的音乐声。不知这种享受是来自他的内心深处,还是他的诗歌有着散播温情的奇妙能力?

  我们这一代人何其有幸能接触到他的真迹。我们最先

---

① 阿肯:吉尔吉斯语,意为"诗人"。——译者注

拿到了他的译著《虎皮武士》①，白天我们把它藏在怀里，夜里枕在枕头下。很长一段时间里我都以为这史诗是文字功底极强的阿勒库勒·奥斯莫诺夫自己写的。不管是骑在马背上、白毡房下放着的马鞍上，还是躺在草地上、坐在山丘上，或者在家里的暗淡的油灯下，我们对《虎皮武士》都爱不释手。读这本书的时候，我们的周围会突然变得如地毯的花纹一般美丽，抑或会有艳丽无匹的美人出现在眼前。而我们在一望无际的戈壁中骑上天马，从野兽遍布的密不透风的森林、山川河流之上飞过，我们美丽的幻想带我们飞过。

我们的爷爷奶奶会让我们一遍又一遍地念给他们听，也有过听我们的朗读而忘记做礼拜的时候。那些从不掉眼泪的人在听着我们读的内容时，总会不知不觉地流下眼泪。当我们读错诗句的时候，那些会背诵这本书的老爷爷老奶奶就用严厉的语气告诉我们："眼睛睁大点，声音再洪亮一点读！"让我们找准了诗段再继续读下去。当我们改正后会来一句："对嘛！就这样读，像个人一样。"如果我们对这些话感到生

---

① 《虎皮武士》：格鲁吉亚诗人肖塔·鲁斯塔维利的经典史诗。肖塔·鲁斯塔维利，12世纪格鲁吉亚王国杰出的诗人与思想家。他出身贵族，早年接受过高等教育，精通多种语言，先后担任修道院教士和国王宫廷乐手。鲁斯塔维利的一生深受基督教影响，崇尚爱情、信仰和骑士精神。他致力于诗歌创作，代表作《虎皮武士》塑造了理想的骑士形象，表达其思想并影响了当时社会。虽然鲁斯塔维利生平许多细节不明，但他的作品为我们提供了理解他的窗口。我们可以看到，他热爱生活，乐于表达，用优美的诗句颂扬爱情，肯定人性之美，同时也不回避英勇的牺牲精神。他曾在宗教和世俗生活之间徘徊，最终选择以诗人的身份，用自己的笔赞美生命和爱情。鲁斯塔维利是真正的诗人，他不畏权势，也不甘被权势束缚。他留给世人的，是一颗赤诚之心，一种对生命纯真而又深刻的体悟。《虎皮武士》使他成为格鲁吉亚最重要的中世纪作家，深受推崇甚至崇拜。——译者注

气,我们也会吓唬他们说:"以后不读给你们听了!"

长久以来,我搜寻和研究诗人的一生。我走过了他走过的路,去看了他住过的房子,拜访了他的朋友们及他的亲人们,翻阅了他的手迹。我想与读者分享和蔼可亲、实诚、勤劳、堂堂正正的阿勒库勒·奥斯莫诺夫的一生。

一开始,我也想过写一部展现诗人生平的著作。原本,写一篇这样的著作也是因缘具足。不管怎么说,若我把自己听说的诗人的一生展现给读者的话,也应该很有意思。

那些文化程度高、崇尚知名度的读者,对阿肯的诗歌有多感兴趣,对他的生平也就同样有多感兴趣。

阿肯写诗不会随便码字,他会在心中烧炼整个世界来写出优美的诗句。我们读阿肯的诗歌会爱不释手就是因为在爱着阿肯的灵魂。阿肯写出来的诗歌,正是他在生活中所积累的经验、对生活的观察,以及自己的一生、爱与憎恨……那么,我们怎么可能会忘记阿肯的一生!应务必读起、学习起他的诗歌!从他的诗歌中解读阿肯的一生。

第一章　初恋故事

"想知道爱情的价值?！那烦请涉过波涛汹涌的河水,翻过巍峨的高山。"

——摘自阿勒库勒·奥斯莫诺夫的笔记

　　20 世纪 30 年代，坐落于伏龙芝市①的师范学院成了当时吉尔吉斯知识分子的文化源泉。② 刊登在学院板报上的文章、诗歌，以及在学生社团里谈论过的问题等，一传十十传百，很快就传遍整个文学圈。当时市里喜爱文学和艺术的人，不管男女老少都会像去剧院一样浩浩荡荡地去看学生们的演出。演出结束后，有时还会举行舞会。那会儿也正是探戈、克拉科维亚克舞、狐步舞在城市里流行的时候，年轻人学习舞蹈的热情非常高涨，有时那些非社团成员甚至不被允许进入舞会练习舞蹈。

　　在那个时代，阿勒库勒·奥斯莫诺夫也像那些年轻人一样追求着时髦，他的生命也犹如清澈的泉水一般开始涌现出来。他的青年时期是在学院度过的，他的诗歌被刊登在学院板报上，他经常从俄语作品中翻译诗歌。加入学院的社团

---

　　① 伏龙芝市：伏龙芝市是今吉尔吉斯斯坦首都比什凯克市 1926 年至 1991 年之间的名称。1991 年 2 月 5 日，伏龙芝市更名为比什凯克市。——译者注
　　② 当时该学校教学楼坐落于捷尔任斯基和托克托古尔两条街交会口，是用木头搭建的两层楼。后来该教学楼被拆迁。

后,他热衷于和社员讨论关于艺术和文学的问题,渴望着探索艺术和文学的更多领域。在文学领域,流传着很多关于他的佳话。

阿勒库勒接触俄语书籍的时间比较早,他不仅阅读世界文学,还涉猎文艺界的其他领域,比如著名音乐家、画家们的佳作,等等。也正因此,他在同时代年轻人当中慢慢凸显出来了。他从年轻时期起就开始为文学创作积累经验,注重自我修养和涵养精神世界。他从青年时期就把勤劳、诚实、踏实认真、有条不紊和树立远大的志向作为自己的人生目标。年轻的诗人对马列主义的热爱让其倾尽一生钻研马列主义。他也尝试着用新时代的眼光去审视大自然、社会和当下的时代。

我们翻看阿勒库勒二十几岁风华正茂时的笔迹,①其中写到他读过马克思与恩格斯的著作。我们看一下年轻诗人1937 年 1 月 12 日的日记:"今天心情开朗。9 点钟起的。天气寒冷,多云。由于寒冷的天气,树枝都穿上了洁白的雪衣。晚上读了马克思和恩格斯。读懂了他们是如何评价生活和真理的。读完,世界观也有所变化了。"次日,1 月 13 日的日记:"直到深夜 12 点,读了《马列主义中的文学与艺术》一书。"在诗人的笔记本中写着卡尔·马克思的"人最好的品质

---

① 今吉尔吉斯斯坦国家科学院手稿部收藏有阿勒库勒·奥斯莫诺夫的笔记。

是把所有的能力都用在一个目标上"这句名言。他也摘抄了马克思对费尔巴哈的评价和一些德国智者的名言。

此外,诗人接触到的不仅有无产阶级的那些领袖和哲学家的著作,还有世界文坛和艺术界的代表,如肖斯塔科维奇、荷马、内扎米、纳沃伊、莎士比亚、歌德、海涅、贝多芬、莫扎特、柴可夫斯基、恰夫恰瓦泽、普希金、莱蒙托夫、涅克拉索夫、勃洛克、罗兰、曼凯维奇、高尔基、马雅可夫斯基、叶赛宁等的佳作。年轻时期的他把他们关于世界、诗歌、艺术、生命的名言、诗歌记在自己的本子中,并把它们背诵下来。这些涉猎涵养着他的写诗能力,驱散了他的烦恼,给他带来了快乐。阿勒库勒沐浴在一千多年以来延续下来的诗人们的诗歌世界中,并且崇敬他们诗歌的力量。

阿勒库勒经常来师范学院。当穿着合身得体的白色西装的阿勒库勒走进教学楼的时候,站在窗户边上的一排排女生会像轻风吹过的芦苇一般齐刷刷地看向他,有说有笑地说起悄悄话。他走过那些女生身旁的时候总能听到她们轻声细语地说着"阿肯"一词。

那年他二十三岁,在出版社工作。他已经是三本书的作者。每天晚上同龄人都出去约会的时候,他总是独自一人聚精会神地盯着白纸,捋着思绪,写着诗。他沉迷于写诗,除此之外没有其他的念想、陪伴,他就爱诗歌。

晚上,同伴们结束约会回来炫耀着对象送的手帕,而后又开始写他们的情书。而那些情书大部分一模一样,都是同一个套式,除了收信的女生名字以外,其他部分都会原模原样抄下来。当阿勒库勒读到这些套式情书的时候,总是一笑置之。

有时,他的一些痴情的伙伴会带着他们抄写智者、诗人们关于爱情的名言名句的本子来找他,诉说他们的一往情深:"阿勒凯①啊,我知道你有一捆捆诗书,你也让我知道你有多厉害吧!我爱上了一位仙女一般的女孩儿,恳请你帮我写一封情书吧。我对她如痴如醉,想她想得神魂颠倒、彻夜难眠。你用诗歌让她对我着迷,让她也尝尝爱情的'苦'吧。"

阿勒库勒也帮那些因爱废寝忘食的痴情伙伴们写过浪漫的、灼热的情诗。他写情诗并没有随意码字,虽然还没有心爱的人可以让他相思刻骨、痛心疾首,但他在诗歌里像一个博学多闻的老人一样教诲伙伴:"务必要珍惜你们青涩的爱,永远让它纯洁如初,一定要对你们的承诺负责任。"在写情诗的时候,他自己也渴望遇上美丽的姑娘。毕竟,不亲身经历和心爱的人互相收寄情书,那就体会不到很多特别而微妙的感觉。

有时,爱情会来得特别突然。年轻诗人的心中有了恋爱的感觉。这下他"被迫"奋笔疾书,以泪洗面,用诗歌诉说着他的爱意。甜蜜的爱情啊,它能让这个世界显得更加美丽,能让你摆脱孤独,并且会赐予你一双翅膀,任你翱翔;甜蜜的爱情啊,它有广袤无边的草原任你奔跑,它有芬芳诱人的花园使你陶醉,它也有灼热的篝火让你温暖无比;甜蜜的爱情啊,它也有种种考验、烦恼和深沉的思念。

---

① 阿勒凯:诗人阿勒库勒名字的首两个音节"阿勒"加上"凯"的叫法,这种叫法在吉尔吉斯语中有一种表示亲近的意思。——译者注

　　阿勒库勒没有把他的爱意藏在心底,而是将其都写成了诗歌。他足够珍视让他感受到温暖的心上人,他用绝美的字眼代替心中对心上人的(真诚的)呼唤,写成了情诗,献给了她。他向来都会劝说伙伴:"若相爱,就一定要忠于你们的感情。"当他自己也初尝甜蜜的恋爱时,更加珍惜这份爱意,并且忠诚于他们的爱。人生只有一次,千万不要错过追寻爱情的机会。

　　前段时间他写了一封情书,但又因为一连好几天都没能把信送出去而烦恼,每天夜里他把信压在枕头下睡觉,最后好不容易在窗户边上把情书交给了她。他想起了那时候:不敢和姑娘对视的阿勒库勒好不容易挤出了一句"这封信是写给您的",这一句话如此小心翼翼,声音再小一点恐怕会被风吹走,但这一句话又如此温柔,如此深情。那位姑娘娇羞地看着他这一刻的模样,可能是出于同情吧,她什么也没说,接过了情书。那一刻他如此开心,心情犹如脱离了折磨自己已久的苦海一般愉悦、明媚,那时他感觉到自己在广袤无边的草原上策马奔腾,身边还有她,只有他俩在一起。

　　平时迅速流逝的时间在阿勒库勒准备和心爱的女生约会的时候就变得度日如年,缓慢异常。他紧张得怎么也坐不住,感觉连提笔写诗的力气都没有了。下班后他走到城外,沿着火车轨道走了很久很久,身边慢慢地亮起了路灯,偶尔从远方传来火车鸣笛声。

　　阿勒库勒提前来到了约好的地点。他目不转睛地看着从宿舍楼走出来的女生们，总感觉下一个走出来的就是自己正在等待的那一位。身边还有很多像他一样的男生也在昏暗的树底下等着他们约好的女生出来。这会儿，从他总是深情地望向的大山那边传来轰隆隆的雷声，春风轻轻地吹响了树叶，也抚摸着阿勒库勒柔滑的头发。这时，从宿舍楼里走出了一位姑娘，窗户透出来的灯光打在她脸上的时候，阿勒库勒便认出了她是阿依戴①。此刻，他心跳如此急促。她径直地向站在大树下的年轻人走来，年轻人上前迎接她。她有没有感受到小伙子紧张的心情和急促的心跳呢？他们沿着公园里潺潺流淌的小溪走着，公园里的灯光非常柔和，不知何处传来悦耳的音乐声。沉浸在爱情中的阿勒库勒不时深情而温柔地看着她的眼眸。而女生右手轻托脸颊似懂非懂地走在他身边，比以前沉稳了许多，似乎是在思考着什么。对阿勒库勒来说，这一刻是能够让他愉悦欢乐的。他想把那皎洁的月亮、写过的诗歌、今年首次去看的伊塞克湖的灵气讲给她听，却不知道从何说起。

　　"说说话吧，阿勒库勒。"过了一会儿阿依戴发话了。阿勒库勒不知道该说点什么，有点尴尬又紧张地张开了手掌，并说：

---

　　① 阿依戴：吉尔吉斯语，意思为如月。——译者注

"我有点不知道该说什么话好。"

"那你写诗的时候知道写什么话吗?"阿依戴惊讶地问他。

"不知道。"他耸了耸肩。

这一刻,阿勒库勒想要说出无比温柔浪漫的话,想要像果园中的百灵鸟一样拨动她的心弦。但此时不知道怎么了,他总是一直在重复着一些简单又无趣的话。如果不能用惊艳的诗句让她目瞪口呆,那还有说话的必要吗?他们看着自己在月光下的影子,一起走着,各自陷入了沉思。

"阿勒库勒,给我念念肖塔·鲁斯塔维利的诗歌吧。你那天念的片段我至今难忘。"阿依戴说道。

阿勒库勒打量着她,这一下他轻松了很多,指着两层楼房的房门对她说:"那走吧!"而阿依戴显得有些局促不安。

"走嘛,我给你念肖塔·鲁斯塔维利的诗歌,我们很快就会出来的。"阿勒库勒拉着她的手说道。

他们走进去的是五一街道上的宾馆,阿勒库勒就住在其中一个房间里。家里的一切家什也就这些:铁床,床边上放着收音机的一个箱子,窗台上放着的五六本书,书桌上散落着的墨盒、笔和纸。阿勒库勒让姑娘坐下来,自己收拾了一下书桌上的纸,而后从床底下的旧箱子中抽出了三个本子,温柔地说道:"我想翻译肖塔·鲁斯塔维利的诗歌,这些是我翻译的一些片段,不多,翻了几处。"说着略带害羞地翻着本子。

> 恋人的首要职责是心安神泰保守秘密,
>
> 望穿秋水却需要将忧愁烦闷深藏心里。
>
> 离情别绪更会令他相思之火热烈如炽,
>
> 忍气吞声才让他那内心激情如醉如痴。

被热烈如炽的思念烧得心焦如焚,因爱忧愁烦闷的恐怕不止阿勒库勒一人。因爱翱翔于天地之间的年轻人被燃烧的爱情箭矢正射中心窝,火燎全身,让他遍体鳞伤。谁能知道这种心焦火燎的感觉呢? 谁又能知道年轻人心中燃烧的爱情烈火呢?

> 爱情是盲目的又见得诸多色彩,
>
> 爱情是失聪的又闻得千种音。
>
> 爱情使得季节瞬间千变万化,
>
> 她的花朵因人而异不得摘走;
>
> 爱情使得乐章美轮美奂,
>
> 却不得世人随意演奏欣赏。

"等等,等一下,你再念一遍可以吗?"阿依戴说着拿起笔,在洁白的纸上记起了阿勒库勒关于爱情的唯美诗句。他像是老师让小学生听写句子一般,缓慢地一遍又一遍地念着诗句。他一边念着诗，一边深情地望着她细长的眉毛、她的字迹，对阿勒库勒来说，此时的阿依戴犹如仙女下凡一般，她玲珑剔透的脸颊上散发出的柔和的光照亮了手中的白纸，还有他的心。而她好像什么也没发现一样将双手放在胸前，娇羞地听着他念诗。这下好了，平日里说起话来滔滔不绝的年轻人好像才开始苏醒。他借助诗歌的力量，把刚刚那羞涩的神情彻底抛在了脑后。你看！他的每一句都如此深情、真诚，犹如从深海中捞出无瑕的珍珠戴在阿依戴修长的脖子上一样，如此美丽、温馨，让他们陶醉在诗歌之中。你看！此时念着诗歌的年轻人正如盘旋在空中的凤凰一般，化成火焰，划破了天空！

阿勒库勒喜欢的女生叫阿依戴·吉格塔列娃。她十三岁时从农村搬来伏龙芝就读师范学校。十七岁时的她亭亭玉立,杨柳细腰,肤白貌美。阿依戴有一双通透明亮的眼睛和一头乌亮浓厚的黑发,是一位穿着打扮华丽优雅,给人一种和蔼可亲的感觉的少女,同时也是一位义正词严、沉毅寡言、秀外慧中的姑娘。她身边的姑娘们根据她这些特征给她起了好听的名字,叫她"如月""如阳"。阿依戴在上学期间深受大家的喜爱,也有不少追求者不停地给她送来情书,但她都没有同意和他们交往。

就在这时,阿勒库勒用诗歌写的情书拨动了她的心弦。阿勒库勒给阿依戴写的《花朵与鸟儿》是 1936 年完成的。如阿勒库勒后来所写的那样,他遇到了能让他坐立不安的那个人,因此(他写道),"那难忘的初恋,贵重如珍珠、翡翠、宝石一般"。

阿勒库勒二十二岁时随身带着一本专门用于写诗的花纹封面小册子,小册子放在他的棕红色挎包里,册子上有被老鼠啃过的痕迹。册子里面是年轻的阿勒库勒在 1937 年陷入爱情之海的那八个月里用拉丁字母写下的日记。他把这本见证了他爱情的册子保存了一生。

> 　　我们是两男两女在一起等待着半夜零点。看！我手表十二点了。"新年快乐！"我们深情地对视着，牵上了手。而后我们走进了柔软的黑夜当中，散步、闲聊，如此惬意。我们把她们送到家门口，兴高采烈的、心花怒放的、多么美好的夜晚啊！
>
> 　　　　　　　　　　　　　　　　　　（1937 年 1 月 1 日）

> 　　我收到一封情书：
> "为何迟迟情书不来？
> 难道先生把我忘？
> 写写真情心中星海，
> 让我解愁解念想！"
>
> 　　　　　　　　　　　　　　　　　　（1937 年 1 月 2 日）

> 　　多么愉快的约会啊！真想目不转睛地看着她那美丽的脸庞，越看越喜爱，心中的爱情之火焰越看越旺。然后我们一起去看了《纳塔尔卡·波尔塔夫卡》，我们三个人一同去的，喜剧很有意思。路上我们聊了关于生活的话题。
>
> 　　　　　　　　　　　　　　　　　　（1937 年 1 月 16 日）

昨天晚上 N 又来找我了，我们聊着这流水一般的生活走了三四条街道。不知为何，心里面一直想着 A，不管怎么努力不去想她都力不从心，心中有种刺痛感。我急切地等待着这件事的未来走向。身边的朋友们不管是男生还是女生聊天，总会很自然地把我们俩加到他们的话题当中，真把我急死了。不知道如何是好。这爱情啊，真是一件艰难又甜蜜的东西啊！

（1937 年 1 月 17 日）

这是非常有意思的一晚。是我休假前的最后一晚。我和朋友们在家组了个局一起玩，一两个小时后 A 来了。朋友们单独留下我们两个走了。我们听了动听的曲子，跳了狐步舞。她那，她那可爱的童心啊……灯突然灭了，我去里屋找火柴出来，A 竟然不见了，原来她藏在床底下了。我们坐着。初恋的感觉真是蜂蜜一般甜蜜无比，如火焰一般温暖你全身，仿佛世界上一切美好的事物都发生在你身上一样。我们一直坐到半夜三四点，此时的爱情之火燃烧着我的心，还有她的心。

（1937 年 6 月 30 日）

和 A 见面了，好想她，有很多话想对她说。

（1937 年 7 月 25—26 日）

我和 A 见面了。那天我生她的气,她后来才意识到,我还有点孩子气。我们以最热烈的爱情度过了接下来的三个小时。那天是非常珍贵的、无比惬意的一天。

(1937 年 8 月 18 日)

等 A 等得花儿都差点谢了。说好的三点半到,现在已经是五点半了,还没到。心里好难受。

(1937 年 8 月 20 日)

谁不曾经历爱情的烦恼呢!诗人阿勒库勒在与彼特拉克①同样的年纪,二十岁左右就陷入了爱情的旋涡。

彼特拉克对年轻的美女劳拉一见钟情,声称她为"照亮我生命的太阳",一生都在为她写诗与对她的思念中度过。如今世界各地的读者也喜爱他的情诗,同他一起感受他的思念之情。但丁呢?十九岁的比阿特丽斯的脸庞他只看到过一次,仿佛就印在了他心中,灼烧他的内心,她的样子总是在眼前显现,或者出现在梦里,让他辗转难寝,尝尽爱情的困苦。每当走过比阿特丽斯走过的路,他的思念之情愈发强烈,疯狂不已。越来越深的思念之情使他终日以泪洗面,最终献身于爱情。但丁二十五岁时和比阿特丽斯一样英年早

---

① 彼特拉克:即弗朗切斯科·彼特拉克(意大利语:Francesco Petrarca,1304 年 7 月 20 日—1374 年 7 月 19 日),或译为彼得拉克、佩脱拉克,意大利学者、诗人和早期的人文主义者,亦被视为人文主义之父。——译者注

逝。但丁用一百首诗歌治愈了他的爱情之苦。他在对比阿特丽斯的思念、哀求中越来越迷恋她的美，自己也被称为爱情诗仙。他把比阿特丽斯的美貌写进了情诗当中。我们看看这些名人的例子，再看看阿勒库勒的经历，我们一起来看看他年轻时期在爱情的折磨中写的诗歌。那是阿勒库勒幸福的时光，是他"初爱佳人如蜜甜，爱情之花遍地现，如蜜甘甜，拥有亮闪黑夜、爱情之焰"的时光。傍晚会去见仙女般美丽的姑娘："乌黑大眼我的美人，你每一句都如金。鲜花绽放香气扑鼻，你到来时春来临。"他和女生道别回来后，坐在窗边凝视伏龙芝的夜空，陷入沉思："原本黑夜并不可爱，因为有爱显可爱。不被爱火烧伤再，可爱黑夜不重来。"他不能睡一个安稳觉，刚眯上一会儿就会惊醒过来，连忙找出本子写下诗歌或者情书。

　　阿依戴回村时，阿勒库勒有时会送她出伏龙芝。阳光洒在大地上，他们漫步在广袤的草地中，沿着小溪倾听流水涓涓声，采摘美丽的野花。在小鸟优美的歌声中，天空中悠悠飘着的白云变成巨轮航行，他们两个赏花玩水，把城市、小鸟、巨轮都抛在脑后，漫步在天地之间。每当像这样沉浸在爱情的喜悦当中时，阿勒库勒总会在心里面朗诵起鲁斯塔维利的诗篇。比起阿勒库勒，这时的阿依戴更喜欢多说说话。他们走到微风吹拂的小山丘上的时候，都喜欢一言不发地望着远方。

　　阿勒库勒喜欢在山丘上望着广袤无边的草原。在这里，可以把炊烟袅袅的小村庄，路上缓慢行驶的小小的马车、汽车和行走的人们，还有河床中的大石头等尽收眼底；在这里，可以看到如被打碎的玻璃片一样波光粼粼的河水边上，郁郁葱葱的树林散发着生命的气息；在这里，可以看到从那遥远的天际线下的山脚处延伸到这边的城市外围郊区。他们从山丘上下来，又继续赶路。

对于完全沉迷于爱情的阿勒库勒来说，世上的一切都是美好的。路上见到的石子儿对他来说也像宝石一般珍贵；灰蒙蒙的雾霾对他来说如洁白的云朵一般亲和柔软；淙淙细流如华丽的乐章一般动听；枯萎的树枝如盛开的花朵一般美丽无比。

到了村子外围，他们像这次是最后一次见面似的依依不舍地相互道别，阿勒库勒深情地、久久地望着自认为是命中注定的爱人。阿勒库勒坐在村子边上的山丘上望着身穿刺绣裙子、拎着包的姑娘消失在村庄里，猜测着她现在心里想着什么，自己心里也莫名地温暖起来。就算已经看不到她的身影，他还是会挥着手和她道别，最后和天空中飘着的白云与飞翔的小鸟挥手道别后回去。

他在 1937 年 8 月的日记中写道："我把阿依戴送到她家，因为返回途中蹚水，感冒了两天。"

我们从阿勒库勒 1937 年末的笔记中可以看到一些关于对阿依戴失望的诗句。他很郁闷和惊讶于阿依戴不回他的情书。

> 爱情是心血，
>
> 是良药。
>
> 爱情是火焰，
>
> 你未烧？
>
> 若你曾有过爱之火，
>
> 不知如今为何逃？
>
> （1937 年 10 月 18 日）
>
> 亲爱的你，
>
> 凡事都会考虑周到，
>
> 遇事不慌如风自在。
>
> 但有件事，
>
> 为何逃避？
>
> （我们应该白头偕老。）

难道不知对你的爱？

（你的回信为何没来？）

（1937 年 10 月 22 日）

就在当年，阿勒库勒收到了阿依戴写的一封凄楚的信。看到过阿勒库勒那时的悲痛的伙伴这样回想当时的情景："阿依戴给了阿勒库勒一封信。那时年少啊，女生走后我偷偷地读了信，信中写道：'阿勒库勒，我的命运已经被我爸妈决定好了，我不能丢下他们。我们不能永远在一起。对不起。保重。阿依戴。'"

日夜沉醉于爱情的年轻小伙被泼了冷水，心中充满了悲伤。失去了心爱的人，他泪流满面。"这噩耗应该不是真的"，他还是不敢相信这件事。就在最近，阿依戴不是还在以清澈的目光羡慕地说着"谁都不可能割舍掉爱情，不信你看鲁斯塔维利诗里的人们"吗？说好的要珍惜这段懵懂的感情的那些誓言去哪儿了呢？这生活的苦海流向了阿勒库勒，使阿勒库勒百般无奈，悲痛欲绝。恋爱时他坚信整个世界都围着他转，难道他错了吗？他还夸口过未来不用去思考婚姻，珍惜珍贵的爱情就足矣。他们的爱情让他以为会给予他永恒的生命，殊不知他输给了这甜蜜的幻想。

"阿勒库勒和阿依戴再次在那棵分杈的大树下见面了。他们坐在高大的树墩上乘凉到月亮升起。以前气愤、悲痛欲

绝的阿勒库勒这次平静了很多。"见证过年轻诗人的爱情的
伙伴回想道。

　　后来他对朋友这样说过:"我佩服阿依戴的言辞和她的
智慧,更加喜欢她了。"天意难违,阿勒库勒没能得到初恋的
姑娘。年轻诗人充满深夜的喜悦、幸福、爱情的欢快诗歌本
里,首次添加了悲伤的诗:

> 有些懊悔为何这么爱上你,
> 我也知道你受欢迎有人气。
> 你的笑声现在如刀剐我心,
> 眼泪如血感觉生活没气息。

　　阿勒库勒在《我的人生经历》(1949 年)中明确写道:"就
在本月(1938 年 5 月),我和我人生中第一次爱上的姑娘阿
依戴·吉格塔列娃分手了。我如今还不知道原因。"年轻的
诗人陷入了悲痛,日子难耐。起因就是爱情,就是和心爱的
人分手。他有想过这样吗? 怎么样才能找到医治这痛苦的
解药呢? 怎么样才能弥补这心里的空虚呢? 难道把青春赌
给爱情的年轻诗人会变成人群中孤独的那一个吗?

　　内心软弱的人在陷入痛苦之时,会咒骂爱情,开始憎恨
自己的感情及心爱的人。他们会压抑自己的感情,会臆断爱
情是假的、骗人的。虽然他们的身躯活在世上,但他们会亲

手熄灭刚燃起的那把火焰。甚至不可能会感知到是他们亲手扼杀了自己的命运。

而慎重面对自己的生活、忠于誓言的人的话语和行动却与之相反：他们不会玷污爱情给予他们的那份情感，会像呵护树苗一样呵护它，让它茁壮成长。这份真挚的情感只有他体会过、感受过。这份情感应该被加倍呵护，让其茁壮成长。让别人看看这份爱情的力量到底有多强。等着瞧，阿勒库勒会追寻爱情，会为爱情创作诗歌，会垒出爱情的高塔。

阿勒库勒创作了多首伤感的歌曲，甚至也写过讽刺破坏他们爱情的阿依戴丈夫的诗。那些诗他只给好朋友读过，之后就马上撕掉。

现在，他想多说说他的悲伤。他想创作篇幅更大的作品。

　　阿勒库勒决定把以前偶尔翻译过一些片段的鲁斯塔维利的爱情史诗《虎皮武士》全部翻译成吉尔吉斯文。那是一部关于伟大的爱情的佳作。阿勒库勒在《我的写作经历》中写道："我暗地里对自己说'这般痛苦应该用诗歌来治愈,而且应该让更多的人认识我',然后把那气愤化为动力继续工作。我离不开诗歌,大多时候坐到天亮:念诗、翻译、惊讶、兴奋! 感觉我是世上最幸福的人。"他在书中的"念诗、翻译、惊讶、兴奋"后特意省略了"哭泣"两个字。他的眼泪濡湿了正在写译文的白纸,他在那些被泪水打湿了的白纸上,把鲁斯塔维利的史诗翻译成了吉尔吉斯文。他的悲伤如此深刻。

　　"翻译它时,春夏秋冬都没有休息 ,因为它太吸引人了。"诗人在自传中最后写道。诗人一年到头夜以继日地翻译鲁斯塔维利的史诗。尤其是在玛列耶夫卡村,他废寝忘食地进行了翻译。听他的伙伴们说,阿勒库勒对他们说诗歌如潮水一般向他扑面而来,他差点写不过来。还说后来稍微修改了史诗。

阿依戴红颜薄命。年轻的姑娘很久以后才开始理解阿勒库勒。聪慧的她在他们见面时没有再逃避，反而像以前一样温柔地对待他，给予他自己的一些建议，努力把他的爱情转化为友情，以便往后两人相互尊重地来往。她的好朋友们偶尔会谈起阿依戴，说她最近开始做一些噩梦："我爸，我经常梦到我爸欧斯莫纳勒，他把他的大衣横着盖在我身上，和我吵着说道：'为什么把阿勒库勒独自一人抛下了啊？'"

这之后不到五个月，阿依戴由于产后疾病缠身去世。那是 1938 年的冬天。阿依戴没能读到鲁斯塔维利的史诗。对阿勒库勒来说这一年太糟糕了，真是雪上加霜。"1939 年到 1940 年创作少了一些。但读了很多书。不知为何我在那段时间准备了一本名叫《抒情》的书，写了很多悲观的诗。后来我把它们都烧掉了。"阿勒库勒在《我的写作经历》中写道。

翻看诗人的手稿，偶尔会见到一两首在那些年写的诗。您可能会说也没人去读，也没人去看，也没人去批评他在那些年写的那些诗，那他为什么会再次记起那些亲手烧掉的诗呢？估计就是由于阿勒库勒极度悲痛中创作的那些诗歌是如此凄凉、如此伤感、如此真实而充满力量，比同时代的其他诗人的诗歌高出几个层次。在我看来，诗人应该是把他内心的爱情之痛极度高超地转化成了诗。反之，如果那是一些苍白无力的诗句，没有那么触动心灵的话，就不可能在《我的写作经历》中被诗人提起，不可能被多说半句。阿勒库勒把他看得比子女、爱人还重要的诗歌给烧掉了，您说可不可惜！这该需要多强大的内心、多大的勇气、多少的男子气概啊！再看他没向读者隐瞒烧掉诗歌这件事，多么真实自然啊！这下您佩服诗人对时代的爱意了吧！阿勒库勒非常尊敬和热爱他的读者。他知道时代不会接受一个只顾及自己的诗人。因此诗人没有把那些让人陷入悲伤的、时代不需要的诗歌献给大众。您是否能看到他对那个时代的敬重，是否能看到他高举时代良好声誉的旗帜，坚信时代的走向，把生命投入到时代的先河？这就是男子气概！不是吗？

　　人们不仅从诗人们的诗歌和教导中吸取经验，还对从他们的生命轨迹、做人准则中积累经验感兴趣。这件事看起来可能平平无奇，但在诗歌面前是一个大学问。

······经历一段恋爱以后，阿勒库勒的诗歌当中频繁出现"阿依"①一词。他经常把这一词用在他翻译和创作的诗歌当中。他喜欢用这一词语。这也不禁让我们联想到他心上人的名字，"阿依"这一词可能和他的心上人的名字阿依戴一样会给予他温暖的感觉吧。

在和阿依戴恋爱的那段时间里，阿勒库勒写下了《可爱的夜》，他应该不是凭空写下这些片段的：

把脸凑到月光下，

你会变得如月美。

今晚幸福我们俩，

让我亲亲你的美。

早晚难耐去伸手，

想把月亮摘下来。

_____

① 阿依：吉尔吉斯语，月亮之意。——译者注

阿勒库勒手稿当中有一首名叫《爱情》、篇幅较长还未写完的诗。估计是诗人《爱情》抒情诗的初稿吧！阿勒库勒在他作品中第一次提到阿依戴的名字。诗中的女主角名叫阿依戴，男主角叫波佐依①。阿依戴和波佐依一同考进大学。毕业后他们一同回到村里，在村里教书。这时战争②爆发了，波佐依前往前线。三年后，女主角收到了一封信。信中是几句谜语，写道："我已中伤，若你愿来，马上回信。"阿依戴让波佐依马上回来。但到了他回来的日子，阿依戴却因为害羞，留在家里没去接他。诗就在这里停了，还没写完下文就停笔了。

这首诗中有诗人关于自己的爱的诗句：

> 年轻时，谁不曾爱风华正茂，
> 年轻时，谁不曾为爱燃烧。
> 懵懂的爱，热烈初恋慷慨激昂，
> 不曾学过，但堪比大海风浪。
> 爱情它有无穷力量愈发高强，
> 缠绕、诱惑，直到你遍体鳞伤。
> 爱情迷人，如戴铃铛的候鸟一般，
> 只可听声非常难抓只来一趟。

---

① 波佐依，吉尔吉斯语，意思为年轻男子。——译者注
② 指的是苏联卫国战争。——译者注

　　阿勒库勒没有把作品用阿依戴这个名字发给出版社。他如此珍重心上人,连她的名字都不会随便乱用。我听说他曾在《虎皮武士》开头的一句中写过阿依戴的名字。

　　现在,我们像海底寻针似的从鲁斯塔维利作品里找找她的名字。您看,在《阿拉伯人的国王罗斯杰万的故事》中有这么一段:

> 少女长大美如月,
> 　怎能描述她的美貌和身姿。

　　前文我们说过诗人是用美妙的词汇垒砌堡垒,伟大的诗人像技术一流的瓦匠一般,能分得清每一个词的重量,会精挑细选,咬文嚼字后能将它们放到最恰当的位置。虽然诗人在诗中浓墨重彩地写着摘下天上的月亮,但我总感觉他在回忆着他的悲痛。对真正懂他的人来说,在诗行中的"阿依戴"一词犹如技术精湛的瓦匠砌藏在瓦片当中的黄金一般显眼吧!

　　现在没人能指出哪个是阿依戴的陵墓。只有托克拜村①的老奶奶偶尔会想起她。但阿勒库勒深爱的阿依戴永远活在他的诗歌当中。人们会谈论"她是谁呢?她在哪儿呢?是个大美人吧?",读者会追寻她,羡慕她,记住她。

---

　　①　属今吉尔吉斯斯坦楚河州索库卢克区。——译者注

　　阿勒库勒封面一侧带红线的灰色手迹本子上写着数字"11"。1949 年,诗人离世的前一年,本子记录了诗人对诗歌创作的想法。

　　"你在看什么呢?（阿依戴的相片）。"阿勒库勒在本子第 31 页写道。诗人的手迹中未能找到给阿依戴写的诗。虽然心爱的人已经离世十几年,但阿勒库勒依然把对她的爱藏在内心深处。您不妨想想,整个诗歌界有多少首是献给心爱的人的诗歌呢?

　　阿勒库勒十二年前(二十二岁时)在自己的一张相片背面写过这么一首诗给阿依戴:

> 青春的捉迷藏得以寻得,
> 欢乐嬉闹应在此时此刻,
> 人生苦短,良药何处寻觅,
> 青春亦如此,望君倍珍惜。

近期托克拜村的萨尼帕阿姨从箱子底下找出了珍藏多年的阿依戴的照片。虽然阿依戴不是非常漂亮，但她那棕色的眼睛十分明亮，天生丽质，就是不打扮也一样楚楚动人。

她对阿勒库勒来说，是一位有着"如黎明的星星般娇羞可爱"的性格，"秀色可餐耀人眼""佩戴饰品、长发及地""月貌花容闪光芒"长相的大美女。如果我们通过诗人（阿勒库勒）的眼睛去看《虎皮武士》中的这些片段，那应该就是阿依戴的肖像吧。

> 若要描述：眉眼生黑，
> 秀发等身长又长，
> 双眸如同满天繁星，
> 脖颈肌肤白皙如玉。

阿勒库勒战胜了坎坷的命运、生活的考验。正如古代东方智者所言,人应该慢慢战胜自己,了解人生,对人生有博物通达、达人知命的感知。阿勒库勒的优势就在这儿:所经历的生活又变成诗歌,如蝴蝶一般飞到诗人笔边。

阿勒库勒并没有因为让自己悲伤不已的爱而束手就擒。他不是懦弱的人,不会被悲伤、没有未来的感情牵着鼻子走。他呼吁人们以真情自愿征服真爱:"如果爱比生命还可贵,那我有理和爱针锋相对。"

他在诗歌中希望人们远离生活中的低级诱惑,为梦想努力奋斗,祈祷人们的情感纯洁无瑕,呼吁人们活得正直优雅。

第二章　好的伴侣与子嗣

爱非朱唇相触，爱为共渡难关。

——阿勒库勒·奥斯莫诺夫

在塔什干城中住着一位和伟大诗人阿勒库勒有着极深渊源的女性,便是在诗人二十五岁时和他结成人生伴侣的再聂甫女士。他们共度了两年时间,但诗人的青春年华与那藏在年华里的秘密都与再聂甫女士有着千丝万缕的联系。

再聂甫女士常常拿着裱在木质相框里的照片来回忆自己的青春,那时的她不只拥有动人心弦的容颜,更加让人印象深刻与记忆清晰的是她那散发着的青春气息,而那青春现在如同深海孤岛中果树上的一颗果实。

再聂甫女士在回忆与阿勒库勒的两年生活时,多有沉思而少有言语,似乎类似的回忆陈述她已经做了很多遍了。

在她的周围环绕嬉戏着犹如圣母画像里的小天使般的孩子们,在看见母亲伤感的神情后他们便对我用眼神表达了敌意,在见过再聂甫女士后我无法再想起那些表述女性性格缺点的话语,她始终未能舍得自己的丈夫,那旧情让她暗自神伤心碎,且让她的日子变得漫长。

她是如此表述那二十五年前的青春岁月、阿勒库勒的话语和性格的。

　　　　　　与他相识生活在一起的两年如同梦幻般……

　　那时阿勒库勒刚年满二十五岁,那两年时常往返于伏龙芝和莫斯科之间,到达之后第一时间一定要与她见面。那时她在莫斯科上着戏剧学院,而之前两人只是互相认识,并未有过多接触。而在莫斯科时两人的心被爱情点燃,在不能见面的日子里,阿勒库勒总是写一些满是情谊的书信寄给再聂甫。某一天,他收到了她抱怨的信,信里写着"听说你要和另外一个女人结婚了",阿勒库勒读到信后便马上发了电报:"来莫斯科车站接我",随后出发去往莫斯科。再聂甫没去接他,他便自己去了女孩的住所,一见面没有寒暄,只是问她:"发生了什么事让你这么生气?"后来才得知是一些人从中作梗,意在让他们分开,而这个谣言在往后的日子里更是成为二人的笑谈。

　　在莫斯科的日子里,他们一起去博物馆、书店,去剧院看话剧,总是看莎士比亚和萧伯纳的戏剧,阿勒库勒总是踌躇满志地说要翻译好莎翁的剧本。他总是这样对再聂甫不留存任何秘密,甚至将自己曾经爱过阿依戴的事也向她诉说。一天,他激动地找到再聂甫,说自己翻译的《鲁斯塔维利诗集》出版了,这让他异常开心。"你当我的评论家吧。"阿勒库勒说,并声情并茂地朗诵鲁斯塔维利等诗人的诗歌,尤其很喜欢朗诵他最近翻译的《霍斯罗夫与希林》。

"我从戏剧学院毕业后在剧院上班,那时我们结婚了。"再聂甫女士这样描述他们婚姻的开头。

因父母早逝,阿勒库勒一直都未曾体会过家庭的温暖,因此他非常渴望能够组建自己的家庭。那时他们急忙忙地举行了婚礼,住进了坐落于南大街的小平层。新婚的那段时间他们幸福美满,家庭和睦。阿勒库勒每天早早起身去逛公园,回来总是在家读书,虽然不善与女性相处,但他总是有对再聂甫说不完的甜言蜜语。再聂甫常说他是个理想主义者,因为他总是有很美好的想象告诉再聂甫,"我们会在波涛汹涌的伊塞克湖湖边有自己的小木屋,每天照顾着自己的牛,就像传说里的老年夫妻,以后就不要住在城里了,一定要搬到乡下"。

但是,盈满则亏,不知道上天是否妒忌了二人的幸福,他们之间变得越来越冷淡。阿勒库勒沉默寡言,但是一旦发出动静又是停不下来的哀叹与唏嘘,然后安静地坐着。每当这时,再聂甫总会想:"他现在觉得自己不幸福了吗? 把自己所有的爱都给了阿依戴吗?"这种心魔真的使人无法自拔,那时也没有人能劝和这对感情出现裂痕的苦命鸳鸯,往日时光一去不复返。一起去看戏剧后,必定是互相生闷气,两人各走各的路地回到家中。其实阿勒库勒是个非常感性又善良的人,他甚至会心疼那些没有生命的东西,又怎么会舍得自己的妻子受委屈呢?可惜,这是事后再聂甫读到阿勒库勒写过的温柔之词"原谅我吧,我亲爱的白天鹅,我生来如此这般"后的想法。

　　一年后,也就是 1942 年,我们有了个女儿,取名叫吉帕尔,遗憾的是出生后十五天小天使夭折……

　　这对阿勒库勒的打击过大,犹如一道晴天霹雳,把他的精神世界彻底击碎。他一改往日的习惯,把自己锁在家里个把月不出门,并且咳嗽愈发严重,医生们让他去伊塞克湖州静养一段时间。阿勒库勒的个人事务与生活相悖,之前他只沉浸在诗歌的世界里,对生活一无所知,觉得世界上的一切都会如诗歌般美好而和谐。他在与生活的第一次较量中落入了彻底的下风,失了心智,在这种逆境之下,创作哪还能再为他带来欣喜。终于,在他从伊塞克湖州回家时,再聂甫对他说道:"我们的婚姻生活貌似无法进行下去了,我们离婚吧。"没有过多纠缠,他们离婚了,时至今日,再聂甫女士才惋惜与昔日恋人的分开。

　　现如今，瓦伦蒂娜·彼得罗夫娜·拉米左娃已成为一位白发苍苍的老太婆，独自生活在伏龙芝市被树荫环绕的一所两层的老房子里，从早到晚在读书、看电视中度过。她年轻时曾担任作家协会秘书和打字员，因此她对那些已经过世的作家大部分十分熟悉。

　　她青春洋溢、如火如荼的年华似在昨天一般，她想起自己第一次奔跑在雷雨交加的荒野。洋溢着甜蜜的笑容，充满敬意地诉说着与自己同时代的杰出作家，在最后我们说到了阿勒库勒。

　　"阿勒库勒很少到协会来。他翻译了鲁斯塔维利的作品，年纪轻轻就拿了奖章，与妻子离婚，独自生活，这是我对他的印象。每次他来办公室，先是好一阵的咳嗽，之后便恢复翩翩公子的模样温文尔雅地讲起话来。他不像某些作家未进门就先问国家的补助，我当然知道他比其他人更需要补助金，也知道他羞于问补助金。如果并非我们主动给他补助金，他甚至会不过问补助金而离开。有件事一直让我摸不着头脑,他在即将去往莫斯科时特意找了个无人的时候交代我替他保管一个包裹,我答应后便代他收好,过了很久他都没来取走,而我自己都忘了这件事。在某次收拾家里物件的时候,我突然发现了这个包裹,作为女人,我的好奇心很难不驱使我打开包裹。打开之前,我以为是女孩子的相片或是草稿本,抑或是情书集,我打开了层层包装,最后发现奖章盒子里头放着一个奶嘴和一撮婴儿头发……"

听完瓦伦蒂娜的描述我浑身如触电般不自在。窗边的蜜蜂因为找不到来时的路急得上蹿下跳,而窗外山茶花芬芳扑鼻。

"人老了容易胡说八道,什么能写什么不能写你自己定夺。"说完这些,她像说完了全部似的沉默了,我俩相互沉默不语点点头示意。此后,我与瓦伦蒂娜告别了。诗人的人生像是散落的珍珠,而瓦伦蒂娜为我们穿起了其中的一颗。

这次谈话让我想起了住在塔什干市的再聂甫痛哭着回忆其女吉帕尔的话语:"我们在11月末迎来了自己可爱的女儿。你应该知道阿勒库勒是个稚气的人,因为女儿的降生,他开心得进出门都不穿厚衣服,后来就落下了病根,一直好不起来。怀孕时我总是很开心,觉得有了孩子之后我们的人生会更加紧密地结合在一起。生孩子之前,他一直反复给孩子取名,又不满意自己取的名字。孩子出生之后,我们苦思冥想了三天都没能定夺,最终,他喜欢吉帕尔这个名字,我们便取了这个名字。我们把女儿接回家之后他开心得都不愿意出门，即便需要出门也会急匆匆地办完事赶紧回家，他抚摸我的额头，亲吻我们的女儿，然后与女儿低声说话，又自顾自地开心起来。"

"可怜的女儿生下来十五天后便夭折了，他不想和任何人诉说，独自承受着丧失女儿的痛苦。我也没有过问，我也痛苦得起不来身，卧病在床，往后我也没有和阿勒库勒再谈起过。偶有邻居和他说话时问道：'你们的女儿怎么了？'我不幸的女儿吉帕尔啊，我一直存有她的死亡证明，四二（1942）年被我放到了阿勒库勒的档案中，这也是他留给我为数不多的回忆……"

奥斯莫诺夫的手迹中存有吉帕尔夭折时的死亡证明。虽然证明早已陈旧、泛黄，但仍可以看出曾被用心保存着。吉帕尔的母亲再聂甫存放了二十五年后，于 1967 年上交。

可怜的母亲为什么带着悔恨把只活了十五天的女儿的这张纸存了二十五年之久呢？是出于母亲对自己还未看到这世界就夭折了的孩子的爱呢？还是献给女儿她爸的花圈呢？

您会情不自禁地读起阿勒库勒《献给婴儿》这首诗。仔细翻看阿勒库勒的诗集，貌似他 1944 年再次到阔依萨热村时写的第一首诗就是这首《献给婴儿》：

> 绵延山峦长卧美丽湖泊旁，
>
> 五颜六色千娇百媚鲜花香。
>
> 虽然身在如仙境般环境中，
>
> 对父来说一切不如（女儿）吉帕尔的体香。

阿勒库勒刚开始忘记心里的孤独感，盼望着来到这个世界的小宝贝能够带来"永恒的力量，无穷的慰藉"时，"虽然生活的困难重重，但正准备踹破一切困难"时，期望着通过小宝贝修复已经出现裂痕的夫妻感情时，"宝贝夭折，脉搏停止，流星一般，一闪而逝"。"幸福之鸟"这一次也一样飞走了。

悲惨的命运啊，流星一般一闪而过的吉帕尔让阿勒库勒变得更加不幸。阿勒库勒虽然非常悲伤，但并不愿和别人倾诉他的痛苦。他祈祷别人不要像自己一样面临悲伤。只有内心非常纯洁的人才会这样期望。

> 愿君老有所依享天伦之乐，
> 愿君青春正当时遇正道。
> 人生是一场冒险，
> 但愿无人体会丧子之痛。

阿勒库勒在作品中只提到过自己喜欢的、能够暖心的人们的名字。一年后(1943年)撰写的抒情喜剧《爱情》中的女士就被起名为吉帕尔。

诗人为什么着手写以前没有写过的喜剧？我认为,这是他对自己的挑战,是鼓励自己忘记悲伤、缓解内心混乱的想法的行动。

阿勒库勒为没有缘分一起度过余生的爱人写过几段凄凉的诗歌。是啊,那些诗出自极度悲痛中的诗人的愤怒吧。总之,那些片段并不是坐在黑色石头上诅咒爱人而写出的。阿勒库勒在《我的写作经历》中,或者在其他的手迹中会回忆起写得不好的诗集、初恋、被烧掉的诗歌,等等,但不愿意回忆起爱人。我觉得,他想把白白度过的那些日子算作没有收获的生命历程,想统统忘掉不再去回忆,不想再谈论它。就算这样,也让他悲痛不已。

我们的青春没有迷惘,

彼此承诺白头偕老。

但是爱情如同大地冰冷，

总有冬眠毒蛇来缠身。

　　虽然他的爱人没能像初恋那样让他感到恩爱如昔，但正是她激起阿勒库勒对生活、生命、创作、诗歌的思考，促使他变得犹如生活本身一样执着、聪明。经过这两年的共同生活后，阿勒库勒像是丰富了经历一样，人变得沉稳，思想变得深邃，遇事不慌，成熟了很多。"年少时的过错，用甜美的诗句弥补"，他决定用创作来弥补那些虚度的日子。

　　阿勒库勒和再聂甫结婚的时候正值战争①时期,国家与民族处于存亡之际,那时周围的人并不乐于欢呼什么,而诗人也将家国情怀放在心底最深处。当时他的翻译作品及诗歌集总是以爱国主义和唾弃战争为主题,例如他在 1942 年所写:"伏龙芝的春天为何迟迟不来,如此晚来的春天连白发苍苍的老人都平生未见,阴霾的天空笼罩着大地,不知为何万物的复苏如此迟迟不来,抑或春天生了病? 抑或接连不断的风雨交加伤到了她,抑或自从万物初始她便一向如此导致她累了? 不,应该是我们伤到了她,该死的万恶的战争伤害了她。"

　　在新婚期间,诗人翻译了莎士比亚的《第十二夜》,他对翻译作品也视如己出,从不曾因为那是别人事先创作的而对其轻视,他总是有着不可磨灭的志气,想在创作的天空中展翅高飞,到达别人未曾到达的地方。《第十二夜》是诗人的最

---

　　① 指的是苏联卫国战争,即第二次世界大战。——译者注

爱，契合他的人生与心境，而莎士比亚早在几百年前便把他的忧愁写到如此令人沉醉的地步，若有人能理解透莎翁的《第十二夜》，那他肯定能理解阿勒库勒多舛的命运、孤独的人生，孤独犹如附着在他影子里的恶鬼一般伴随着他，折磨着他。

而见证过那段对诗人来说犹如末日的人生轨迹的同时期作家兼诗人的好友图郭勒拜·斯德克别阔夫①说道："他的女儿那时候刚刚夭折，妻子也负气离他而去。他一个人在自家的房子，身体欠安，疾病缠身，外加他性格内向不爱与人说心事，也不愿见朋友，在清冷的房子里独自一人，没人知道他在做着什么。那时候我们住在南街 61 号，是邻居，房子门口有几级台阶，一旦他出门必然蹲坐在那个台阶上，头垂着与地面平行，瘦得青筋暴起的手臂撑在那个毫无肉感的膝盖上；或者偶有一天他会在门前垂丧着头，在家翻着鲁斯塔维利的书，寻找着与自己契合的诗句：不经历风雨的人生不值得体验，什么是解忧愁的良药？坚忍的意志。因为现实而感到无奈是无用之举。"

此后一段时间，阿勒库勒一直与自己较劲，想要写一些什么东西，那要写点什么呢？童年？父爱母爱吗？他不曾见过父母的爱，而被哮喘困扰的童年又有什么可写的？那写一

---

① 图郭勒拜·斯德克别阔夫（1912—1997），著名的苏联—吉尔吉斯作家、社会活动家，吉尔吉斯斯坦现代小说的奠基人之一。——译者注

下他奔放的青年时期吗？让他魂牵梦绕的阿依戴的娇容吗？
那些已经被他写得不能再写了。那可以写一下那个让他痛
心疾首的失恋吗？可是谁都不会喜欢关于失恋的痛心的诗
句的。这下没有什么可创作的了，他便会在自己的草稿本上
写下自己中意的句子，然后查阅作者其他的诗词，看他们是
多大年龄时写出了自己的第一部作品：普希金是三十七岁，
拜伦是三十六岁，裴多菲是二十四岁，雪莱是三十岁，莱蒙托
夫是二十七岁，叶赛宁三十岁时告别人世，不过他们健在时
在文学领域颇有建树。而阿勒库勒呢，已经这个岁数了，在
这之后还会有怎样的人生？会幸福吗？还要在别人的作品
当中寻找多久的灵魂的安稳？还要躲避现实生活中的苦难
多久？孤芳自赏，难道他是为了这些来到这个世界的？人生
的质量并不在生命的长度，而在用深刻的思想与智慧填满人
生的空虚，留下万世功德于身后，为天地立心，为黎民百姓谋
幸福。

　　不管阿勒库勒怎么与自己较劲都于事无补，他的作品始
终没什么进展，他所经历的和他向世人告诫的话语怎么会比
别人少呢？诗歌就像神话故事里那些珍禽异兽一般，想要捉
住的人千千万，然而这珍禽异兽不同于凡间飞鸟走兽，使劲
便可获得一二，那些能捉住珍禽异兽之人必然天赋异禀，而
阿勒库勒有没有这上天恩赐的天赋呢？

　　阿勒库勒必然要写如何过好人生和书写真实，那么他为

什么还要逃避现实，为什么不去社会中感受真实和现实社会，为什么迟迟不采取主动？就像他在自己诗歌里所写的，如第一次与这个宇宙接触的诗歌一般，蓝天白云、芬芳的花朵、我们生活的大地、老朋友一般与夕阳告别，都被他写得如痴如醉，应该是要这样写的。

第三章　伊塞克湖畔

想见你是我心中千万次的渴望，我爱你，

这是我内心重复的念想，

倘若我的心中没有你的波澜壮阔，

我的诗歌哪里来的波涛汹涌，惊涛骇浪。

——阿勒库勒·奥斯莫诺夫

　　阿勒库勒迎着朝霞起了床，后来，他每到晚上都变得没有睡意，外面纷纷扬扬下着毛毛细雪，四处是一片白雪皑皑的景象，好一个银装素裹的世界，分外妖娆。

　　他在院子里杏树下的石子小径上随心所欲地走走停停。今年新买的蓝色的"胜利"牌轿车也没人开，一直闲置在院子里，早已被积雪覆盖。从最初买来就开始雇用司机，最近又给一个叫贾帕尔的小伙子少许雇用金，雇请他来开。起初一个人无论如何也可以曲意迁就，而如今于这"破铜烂铁"该如何是好？

　　天边那绯红的霞光渐渐缠绕着睡眼惺忪的云层，云缝中照射下来的光芒撞向对面的山头。阿勒库勒有一股想飞奔向那一缕艳阳与皑皑雪山相辉映之处的冲动……而他却早已困于深深庭院里，生活潦倒失意，每日身处水深火热之中。虽是如此，但是魅力无限的大自然可比充斥着咳嗽声的陈旧陋室美妙多了。

　　阿勒库勒的咳嗽越来越重……越来越重。这时，雪面上落下一口血痰,他用脚尖蹭了蹭雪面并盖住了它。突然间,他头晕目眩,眼前似乎有个圆圈在不停地打转。

不知为何,诗人的视野中开始出现伊塞克湖向他汹涌袭来的画面,似乎耳边也传来了湖水万马奔腾似的浪涛声。阿勒库勒一时间觉得自己好像再不能见到伊塞克湖那绝美的容颜了,"怎么会?"诗人惊慌失措地自言自语道。

阿勒库勒对着在门缝里探头的波洛特别克说:"你把这张纸条送到贾帕尔那里去,你告诉他,哥哥说要去伊塞克湖,让他打理好自己的东西来找我。"正值舞象之年的小男孩紧闭上门窗,连忙上街送信去了。正在收拾房屋、烧炉的大娘听闻阿勒库勒的这番言语,感到十分诧异。

"我的天啊,这天寒地冻的去伊塞克湖做什么?难道就不能在热乎乎的家里待着吗?"大娘拍拍手上的灰尘说道。

阿勒库勒没有吱声,背过身缓缓地走开了。

"这大冬天的,你又病着,就不能放弃这个念想吗?你走了谁照顾这个家呀?"大娘说道。

"我会让波洛特别克留下来的,他还小。"阿勒库勒回答道。

"你去伊塞克湖州的哪里?与其做这么离奇的事,还不如先打理一下你的住所,精心筹划好你的事情。再不济也该顾及一下你的身体状况呀。"大娘嚷嚷道。

"你打算去谁的家里?"大娘问。

"不管哪里不都是我们的父老乡亲嘛……"

"天天说什么父老乡亲……搞得有什么血缘关系似的……"大娘背过身絮絮叨叨。

"不如去看看民间医生。"大娘说道。

阿勒库勒对这种言语表现出一脸无奈。

大娘殚精竭虑的劝阻无果后，只能无奈地陆陆续续拿出他的被褥和锅碗瓢盆等生活用品，装在了汽车的后备箱里，阿勒库勒内心也能感受到大娘的不悦。

其实，瑟尔哈大娘和阿勒库勒的父亲是骨肉同胞。他先前一直听说过这个姑姑，因此在今年春季将她和她的儿子波洛特别克·斯德尕列夫接过来一起住了，他们七个月以来一直在一起。起初的用意是希望他们能够跟他一同分担家务和照看牲畜，但是后来发现好像也没有太明显的作用。但是一直心地善良、从不辜负亲戚好意的阿勒库勒内心倍感愧疚和自责。

这时，巴儿狗嘶吼着冲出大门，原来阿勒库勒叫的贾帕尔到了。

"贾帕尔台①，我们一起去伊塞克湖吧?"诗人阿勒库勒说道。

"都可以，您自己做决定吧，大哥。"贾帕尔回答道。

---

① "台"是汉语音译，在吉尔吉斯语中，称呼男人名字时其后加"台"这个字，是表示亲近的一种说法。——译者注

贾帕尔看着抬肩以助呼吸，脸颊和下巴上充斥着蓝色的肿块，弓着背，咳嗽声一阵一阵的阿勒库勒，很快地又将眼神移开了。

"那你去检查一下车子，热车去吧。"阿勒库勒带着惬意和感激的语气对这即将甘愿离别妻子和孩子与自己一同上路的小伙子说道。

阿勒库勒气喘吁吁地叫人拿出他的红色皮质包，把皮质包放进车里，亲自迎着车辆迈步走上街头。

就在那一瞬间，阿勒库勒比以往更想快点飞到伊塞克湖的上空去，或许是伊塞克湖的神灵在赋予诗人前进的意志和生存的希望吧！很久没有再领略过伊塞克湖风光的诗人，身体日渐消瘦和愈发疲惫也是因为这个吧。对阿勒库勒而言，这好比伊塞克湖母亲的乳汁一样，他曾无数次梦见那仙境般美丽的伊塞克湖，让他浮想联翩，思绪万千。

阿勒库勒坐上了他的"胜利"，88-24 号车牌的蓝色"胜利"牌轿车缓缓驶出了陈旧的灰房子的院子，家门口留下了那十六岁大的波洛特别克和狂吠不止的黄巴儿狗。

那是 1950 年 12 月初。

自始至终，阿勒库勒因为这辆车的存在而每天都在负重前行。他常常说，等他富有了，一定第一时间买一辆属于自己的车。如今有了车，伊塞克湖再也不是遥不可及的地方了。他曾多少次梦想过能开着自己的车，在乡间小道上随意穿行,领略伊塞克湖的绝美风光,观赏圣湖的浪涛,创作美丽的诗歌。他想过走遍每一个乡村,走进每一户人家,走进每一个心灵,聆听他们的动人故事。

大山、树林、原野都是一片白色,像童话世界里的仙境一般美丽且神秘,所到之处常有喜鹊比翼双飞的景象,有时,你会看到它们懒洋洋地歇在电线杆上。

这会儿,阿勒库勒感觉到自己离伊塞克湖越来越近,心情也瞬间舒畅了很多。

他们最终到达了湖畔。诗人缓缓下了车,立即走下了马路,他大步走向湖边,拖着沉重的身子在纵横交错且长满青苔的石头之间步履蹒跚地徘徊。阿勒库勒顽强且孤独地在湖边不停地逡巡,仿佛丢了什么重要的东西似的。就在此刻,他蹲下身体洗了洗手,竖起衣领,沿着湖边继续前行了。

一只洁白的天鹅在湖面上悠闲地游弋。

阿勒库勒朝着车的方向走去,此时对他而言,湖边到停车地那短短的距离像是一天的行程一样漫长。他一会儿又腰歇息,呼吸也变得十分急促,一会儿直立身体,转身回望那美丽的伊塞克湖。

他费了好大劲才走到停车的地方。上车后,继续前行。这一路,他不停地眨着眼睛,时不时地打开车窗呼吸着清冽的空气,好不容易到达了阔伊萨热。

随后,他们又将车停到了湖畔,但是以他现在的身体状况是无力继续行走的,因此他静静地坐着观望着伊塞克湖的湖面,但同时也不停地咳嗽着。

此刻,伊塞克湖湖面上仿佛涌来一股神奇的力量,一遍一遍地将阿勒库勒在阔伊萨热度过的时光呈现在他的眼前。

阿勒库勒·奥斯莫诺夫会像鸟儿一样沿着湖畔选择自己的住所。在六年前，也就是 1944 年夏，他来到与他同龄的笔友的家乡（秋普地区伊其凯苏村），而这个村就在一个形状神似一只跃跃欲试的狮子模样的山麓脚下。该地区因"铁青幼马""铁青疯马"等这些千里马而名扬天下。那时，塔勒德苏的民众经常徒步来到这个村落。那时候的村民们时运不济，遭遇了很多不幸，到处都动荡不安，危机四伏。民众反抗外来侵略者，与敌人生死搏斗，几乎没有睡过安稳的觉。他们不久前才将侵略者赶出家园，恢复了往日的宁静，过上了安宁幸福的生活。

奥斯莫诺夫在他的《伊其凯苏》这首诗中写道："来也匆匆，去也匆匆，我是来这儿旅行五天的来客。""伊先拜、阿德拜、朱玛迪力是最深明大义的一类人。"他还在诗行里特别提及他遇到的这些人。1944 年的夏季，奥斯莫诺夫陆陆续续去了琼贾伊洛、阿尔帕-特克提尔等山清水秀的各大草原，甚至骑着马到过喀尔科拉大草原，畅饮了慷慨的农庄主的马奶

酒,品尝了他们鲜美的羊肉,受到了他们真挚而又深厚的爱
戴和盛情款待。他这一次还特意见了很多能够背诵肖塔的
《虎皮武士》的读者,和缇娜腾等女孩一起逗趣。那些年在马
场干活儿的伊先拜·阿巴科洛夫和当时担任主管的朱玛迪
力·切热克巴耶夫等人常常会深情地回忆起这位伟大的诗
人。《喀尔科拉大草原》《瑟尔特加依劳大草原》《秋普之河》
《致布坎》等诗歌的创作灵感都来自奥斯莫诺夫待在秋普的
这些日子。这次旅行让阿勒库勒渐渐痊愈起来,心情也被治
愈了很多。诗人对民众对他的珍爱和情意十分欣慰,这次旅
行使诗人身心得到了充实,并且吸收了能量。

> 富裕的农庄,祥和的民众。
> 这里的群众与众不同,
> 崇高的品格使我劫后重生,
> 免我颠沛流离,生离死别。

　　离开伊其凯苏之后,阿勒库勒决定在湖畔附近定居,他
第一眼就相中了伊塞克湖州最特别的度假地——阔伊萨热
村。

伊塞克湖湖畔东边延伸到码头的路段有一带窄小的角隅,从前这一带的阴面覆盖着浓密的沙棘灌木丛。那里被当地人称为"察尔乌雅",牛群为了躲避热辣的阳光进入这一带灌木丛,一两天都不好找回来。从察尔乌雅飞出来的乌鸦在天空群集盘旋,遮天蔽日,宛如一团乌云。

20 世纪 20 年代末期,人们开始在察尔乌雅周边搭建毡房,一群走投无路的百姓和家境贫寒的人会拢在这里定居了下来,这里的人口也开始井喷式增长。曾经连老鼠都无法逾越的灌木丛的宁静从 1938 年开始被打破。沙棘丛被砍伐和烧尽,从根茎上彻底消除了,取而代之的是一排排毡房和周围修建的房屋。

战争快结束的那几年,察尔乌雅地区成了一个十分不错的疗养地,来自哈萨克斯坦和乌兹别克斯坦的游客络绎不绝,纷纷前来该地度假。湖畔船舶停靠点有许多卸货的工人,这里渐渐有了"烟火气",繁忙的铃铛声也不停地响起,这里的人慢慢多了起来,因此,每到周末或者是农闲的时候,这里常常会聚集一些做牲畜买卖和摆地摊的人。

　　察尔乌雅的灌木丛之所以能变成现在的知名疗养地，主要是因为一个叫迭尔坎拜的老人，他的功劳极大，不可磨灭。迭尔坎拜老人是一位身材矮小的老人。这位善良的老人啊，活了一辈子从来没有诅咒或记恨过别人，也从不与谁争执不休。他不仅平易近人，而且能言善道。老人直到一百零二岁也未封过一次斋，一生没有生过一场病，更是一辈子没有拄过拐杖。八十多岁时的迭尔坎拜老人还能背身跳进湖水，在湖中悠闲地游来游去，使岸边的人惊叹不已，引来周边的人围观。

　　迭尔坎拜老人的大半辈子是在这"四处乌鸦聚集，家牛离奇失踪"的察尔乌雅度过的。他一生忙忙碌碌：会操控木筏，修木筏；会烧除灌木，开垦荒地；会养殖母马，出售马奶，在草原深处散养黄牛；会在船舶到岸边时，用绳子固定船只；能预测天气。迭尔坎拜无所不能，全知全能。他能说会道，能言善辩，以至于身边从不缺乏追随的人。他们一家有三十四个兄弟姐妹。他常常能想起他为一个俄罗斯人做苦力，为探险家普热瓦尔斯基做翻译员的那些岁月。他在"大逃亡"事件发生时，与十九个兄弟姐妹被迫分散。他也常常跟别人讲述自己在知晓伟大的十月革命胜利的消息后，如何艰难困苦地回到家乡的经历。教育后人要珍惜当下，珍惜来之不易的美好生活。

阿勒库勒·奥斯莫诺夫第一次来阔伊萨热地区是在秋季的某月，那时的察尔乌雅失去了往日的喧嚣和热闹，留下了一处处百姓搬迁后光秃秃的旧址。

诗人开始在阔伊萨热找寻自己的灵感，他在疗养地宽敞但四壁萧然的房子里独自生活，他常常早晚都在迭尔坎拜家里吃饭。时光荏苒，转瞬即逝，阿勒库勒也不知不觉地到了而立之年。这世界给予我们美好且短暂的时光，是让我们人类去肆意挥霍的吗？我想并不是。那既然如此，诗人这异禀的天赋就不应被白白浪费！诗人是一种官职或是为了声名远播，传播天下的手段吗？身负才华不应为权势所迷。谁也不能永远地保住自己头颅，在世间延年益寿，这是不可能的。虽然我们心怀遗憾，倍感后悔，但是现在依旧不是最迟的时候。我们应当以勇者的姿态攻克命运之难，不屈不挠地继续活下去。将那些过去美中不足的诗行和唯美的诗句都视为成长。既然如此，那就应该珍惜当下的时光，奋起直追，勇往直前。诗人在自己的笔记本上写下了这些励志语录："人来世间一趟,并不是白白走一遭。每个人都是带着使命来到这世界的,故应以完成天赋使命为首要。"

阿勒库勒·奥斯莫诺夫在阔伊萨热的日子里,才华日渐横溢,对写作日益痴迷,每每会专注于此至天黑。1944 年 3 月,在阔伊萨热立下壮志,想要写好诗歌的诗人这样感慨:"写诗是多么珍贵而纯粹的事情,这世间没有什么事儿比写作更叫我快乐了。于我而言,写作为我的独爱。"

阿勒库勒在伊塞克湖畔写的第一首诗是《致婴儿》。他把心中的悲伤写在了诗里。也从这首诗开始,阿勒库勒解开了心结。他在"比起妻儿更重要,我爱的它是什么呢? 是永恒的诗歌"中,对诗歌专心致志,骑上信念和执念的飞马,手握弓箭,追随心中的念想,直面命运,愈发执着地决定创作关于自己的诗歌。

阿勒库勒如同天上翱翔的雄鹰,领略了祖国的大好河山。心思敏锐、智虑周详的诗人,不停地梳理自己的人生,捋顺自己的人生。"人生在世,应当潇潇洒洒,看尽人间繁华。若不能领略人世间的千姿百态,那活着又有何意义?"这是诗人写在日记里的一段话。

　　每天清晨或者是傍晚，阿勒库勒总会不知疲倦地在察尔乌雅偏僻荒凉的戈壁四处徜徉。他偶尔从地上抓起一抔沃土，闻一闻，将其扬撒在他自己的影子上。他每次都会特意外出观察草尖摆动的节奏，细心留意各种昆虫的一举一动；他会聆听百灵鸟的歌声，目送一层层白云在湛蓝的天空中散开；闻闻青草的芬芳，对着无边的寂静和空旷畅所欲言。常常折磨诗人、让诗人绞尽脑汁的问题是"我是何人"。若将这类疑问放在这世间的任何一个平凡的普通人身上，他们都会像阿勒库勒一般化解它吗？"我是何人？我是平平庸庸的凡人阿勒库勒。若我不能进行真正意义上的写作，那我将是一个懦弱无能的奴隶。① 若我颓废且穷极无聊地度过这一生，那我在这时代的风口面前一文不值。"

　　阿勒库勒有些时候像"孜孜不倦寻找食物的飞禽"，时不时地向家里带回几行诗歌。诗人的一天犹如"一对赶也赶不

---

　　① "阿勒库勒"这一词的最后音节和"奴隶"在原文中是押韵词。——译者注

动的犍牛中最慵懒的那一头",而有些时候"就像驰骋在草原的天马"。但无论如何,诗人总会将自己唯美的诗篇献给大众。他在《时代的书本》里倾向于书写"宛若源远流长的大海般意气风发的英雄气概"。伊塞克湖湖畔喋喋不休的留守妇女们哪能领会诗人的这般意志,她们对诗人的言行举止毫不掩饰地大声嘲笑,但是诗人却从不记恨这些嘲笑他懵懂无知的"美少女们",也不会因为她们的嘲笑而自责。他从不因为青年人的不理解、别人漠视自己的眼神、患有的疾病、没有后嗣、没有过人的能力而感到自卑和气馁。但是有件事情是会让诗人感到自卑和耻辱的,那就是"尚未取得丰硕成果"。

每次总到四处灯火通明的时候,诗人才会回到家里。他也总是将在外面得到的"拾物"一一分给所有人,包括那些曾经嘲笑他的女人们、经常冒犯他的同志们……他对待所有人都一视同仁,从来不区别对待任何人,他也热爱身边的每一个人,以和为贵,从不与谁为敌。不论是遭遇他人的恶意嘲讽,还是被无故嘲笑,他也从不记恨于心,反而会越挫越勇,涅槃重生。毕竟,这才是著作生涯的神圣意义和乐趣之所在。

阿勒库勒每天夜里都会与诗歌为伴,他眼前淡淡闪烁的蜡烛的光芒和彼岸的灯塔相辉映,守着沉寂的黑夜直到天明。

夜里,屋里依旧寒气逼人。偶尔,阿勒库勒也会躬行到湖边的灌木丛拖来一些干柴,整夜靠它生火取暖。即便是这样,也久久不能赶走屋内的寒气。阿勒库勒时不时地向前挪动,靠灰烬的余温取暖,全身裹得严严实实的,与他的"知音笔"一同度过每个寒冷的夜晚。不顾那不懂得怜悯诗人的死亡和命运的招手,这就是在逆境下还想泼下两行诗句的阿勒库勒。

阿勒库勒在阔伊萨热度过了两个冬季,迎来了两次新年。他总是孤零零地与蜡烛形影不离,和自己的才华一同思考、推敲。"不断深思熟虑,在书的海洋里遨游。即便没有美酒相伴,挥挥笔尖,也依旧能写下唯美的诗篇。"诗人将自己在阔伊萨热茕茕孑立的生活也写进了字里行间:

> 寒风呼啸夜凄凉,
>
> 寒气涌入书房。
>
> 河埂边放着的银块,
>
> 久久不见浪子来捡。
>
> 哭泣着,被踩躏着,
>
> 戏弄着,被嘲讽着。
>
> 它驱走了和暖的春天。

诗人在这种境遇下不仅没有畏惧退缩、不敢前进,还在逆流中迎难而上,与自己的超群才华一同日益成熟、日渐顽强。阿勒库勒逐渐成为那种昂首挺胸、踌躇满志的人。他不仅业精于勤,还拥有着强烈的幸福感。即使他疾病缠身,即使他软弱无力,但常人却无法察觉到他"似世界文豪莎士比亚般拥有异乎寻常的力量"和他凶猛如虎、雄壮如狮地去奋力写作的一面。他一生为写作而倾其所有,为创作诗歌而倾注心血,甚至为创作诗歌献上了自己的整个青春和生命。

诗人并不是为了在诗歌温暖的花园里享受休憩的恬静,也不是为了沉溺于安逸享乐和苟且偷生。他并不是真正的软弱,投身于诗歌创作就意味着诗人要像在大海上扬帆远航的水手一般,应当浑身充满力量,心怀信念,笃定前行,这样才能真正领悟诗歌所赋予我们的美好和哀愁,以及诗歌创作的不易和神圣意义。世界诗坛的著名诗人们屡次三番地告诫世人:"在走进诗歌的大门前,弱者从来没有叩开它的机会。"那些连诗歌基本格律都不懂的庸人或许能强行闯入诗歌的大门,但这些浅见寡识的凡夫俗子却无法掀起什么大风大浪,他们只会蒙蔽他人的双眼,故弄玄虚,蒙混过关。他们只会虚度光阴,得过且过,靠别人的权势享福,依附于他人!

　　阿勒库勒几首主要的长诗都是在阔伊萨热写成的。他在创作过程中十分用功，总是埋头苦干，孜孜不倦，还格外谨慎小心。阿勒库勒在他的笔记本上写道："我的言辞应好比古时出征疆场的勇士般战无不胜、立竿见影才是。"诗人总是将这句话作为自己的使命，鞭策自己。诗人一生中仅有一两次在创作中中道而止的情况（这一两次还是因为伤病缠身），否则诗人一旦开始创作便会一气呵成。

　　阿勒库勒·奥斯莫诺夫常常会将自己的理念和想法写在本子里，他会几年如一日地反复构思和布局自己想要创作的素材和想法，后期就按照本子上的想法来创作。他会随着时间的推移，将好几年都未能用上的素材抄至新的本子上，擦去用过的素材和想法，只有创作思路日臻成熟时，才会应用这些素材和想法。在诗人年轻时期就察觉到他有非凡的创作天赋的伙伴之——贾曼萨热耶夫这样回忆诗人："起初，在我看来，阿勒库勒只是一个普普通通、不善于思考、与世无争的人，但是我发现我错了，原来他内心深处魂牵梦萦的都是诗歌。只有内心深处充满温情，才能写下那样唯美的诗行，一瞬间从笔尖流淌下串串诗行对他来说是水到渠成罢了。那时我才恍然大悟，原来如果心中没有成熟的构思，一切都是白费。我们每次催着阿勒库勒现场即兴写几首诗，但他总是东扭西捏地不肯写，他说：'我无法揣测他人的内心，因此没法写。'事到如今才明白，原来他只会将自己内心的想法创作成诗。"

阿勒库勒不论是写短诗、长诗还是翻译作品时，都不会在还未完工的时候就着手其他工作，也从不会见异思迁，随心任意奔波。他在写长诗或者是写剧本时，会将个别写过的残缺的诗行和其中的构思临时运用到他创作的作品里。他花费六个月时间翻译了莎士比亚的悲剧《奥赛罗》，在此期间从未分心写过半行诗。

现在让我们将目光转移到诗人在阔伊萨热写诗创作的私人书房里。诗人对每一天乃至对每小时都格外珍惜。长诗《五月的夜阑》也是诗人在孑身一人迎接新年的几天中写成的。《古丽帕》《卡拉古勒》《米尔扎古丽》《一百二十年的苹果古树园》等长诗是诗人仅花费三天左右的时间就写成的。《洁恩西别克》《涅槃重生》等长诗花了四天，《伯乐托鲁拜》长诗则花了五天时间。可想而知，诗人是擅长写长诗的。诗人写长诗不仅如行云流水，落笔如云烟，内容还蕴含着深奥的内涵。因此，诗人在自己的个人简历中称"1945 年是我个人生涯和创作生涯中最稳重而成熟的时期"。显然，这句话并不是空穴来风。

告别 1945 年的最后一个月的最后一个时辰，阿勒库勒感叹岁月流逝，他不禁思考起自己的命运和辛勤的劳动生涯，得到这样的感悟：

> 我在平日里，
> 并非怪诞贪婪之人。
> 从不计较，看淡得失。
> 朝夕相伴的家庭胜过长寿，
> 我只惦念三两行诗歌。

诗人在写此诗篇时他的身体每况愈下，阔伊萨热已经不适合诗人长久居住，冬天的雪下得很厚，大雪过后的天气寒冷逼人，阿勒库勒不会又像今年春季时一样衰弱到被人扶进车里吧？

吉尔嘎朗河的源头有卡拉科尔国营农场,地势相对较高,这里有很多喀什噶尔胡杨。冬天,它们庞大的身体可以抵挡严寒的侵袭。夏天,它们的树叶则可以遮挡炙热的阳光。据村里的拉肯拜大叔说:"这里的胡杨都是在三九(1939)年栽种的。你若要去最上面的那个村庄,这一路你将听到全村的狗的吠声和鸡群的叫声。当你回首俯瞰整个村庄的那一刻,那山谷里的灌木林,蜿蜒曲折地在茂密的森林间穿行的吉尔嘎朗河像一面明晃晃的镜子折射着太阳的光芒。"

在离这座村庄不远的地方生活着一位名叫祖拉的姐姐,战争结束的那年,她就留在布尔捷瓦力斯克市工作了。现在我们就洗耳恭听这位亲眼见证过阿勒库勒在阔依萨热村整个生活经历的姐姐的故事吧。

"那是四四(1944)年的秋季,我们在普热瓦尔斯基市①

①　普热瓦尔斯基市:即今吉尔吉斯斯坦卡拉科尔市,又译作卡拉库勒,是吉尔吉斯斯坦东部城市,伊塞克湖州首府。苏联时期,这座城市以著名的探险家普热瓦尔斯基的名字命名。——译者注

和同龄朋友们相约去赛马，我们从父亲那里借来了他的便捷式自行车。我的同龄朋友们向我介绍了一位玉树临风、英俊潇洒的男生，大家都在嘀咕着：'这可是大名鼎鼎的阿勒库勒·奥斯莫诺夫啊。'那天我们一起观看了赛马，还相邀一同去朋友家聚会；一起玩了吉尔吉斯人的传统游戏'借羊羔'及'丢白帽'；我们一起载歌载舞，已经想不起多久没有这样开心了。据说驻扎在边境的敌人也快被驱逐出境了，不久我们将会迎来一场大胜，我们感到由衷的欣喜。后来我认真地回想阿勒库勒这个人，那晚在那一群男生中最文明、最懂礼貌的人就是他，他一直面带微笑，从不忍心冷淡任何一个人。他的言语总是一语中的，而又从不啰唆，每次都是意尽而言止。那一次之后，阿勒库勒又回到阔依萨热了，我也就像往日一样忙于自己的工作，也大抵忘了阿勒库勒这个人的存在。直到有一次，我在上班时发现了一封信，原来阿勒库勒来找过我，但我没有过分在意这件事情。后来冬去春来年渐远，在四五（1945）年的春收秋种时期，忘了是白天还是夜晚，我们去了集体农庄，每天忙碌不堪，身心疲惫。两耕结束后，我们又回到了城里。一日，库尔玛那力耶夫·玛利亚姐姐说要去查看州执法委员会当天的申诉情况，顺便带上了我。随后，我们抵达了阔依萨热村，疗养地的游客寥寥无几。有一封申诉信是阿勒库勒写的，路途上我向玛利亚姐姐讲了我认识阿勒库勒这件事。当我们到达疗养地时，姐姐让我留在车旁边等候她,她一人走向诗人居住的长房子里去了。时间过了很久,仍不见姐姐的身影,于是我沿着湖畔徜徉了一小会儿。当我回来时,发现玛利亚姐姐在车旁抽泣,我大惊失色地问道:'怎么回事?'姐姐依然泣不成声。我怒气冲冲地走向长房子,姐姐试图挡住我,但我不顾一切,猛地用力拉开门走了进去,阿勒库勒正卧躺在床上,这时他抬头见我走了进来,给我做了一个'摇手'的手势,示意我不要进来,但我没有管那么多,走到了他的身边。他似乎感到有点恼火地跟我说道:'不是不让您进来吗?'

"桌子上放着乱七八糟的纸,都被揉成一团一团的,上面都有乱涂乱画的字迹,枕头前也都是纸团和大小不一的纸片。屋里没有一丝阳光的余温,没有生火烧柴的房屋里显得空寂冷清。我们为了照顾阿勒库勒的心情,聊了一些无关紧要的话题就匆匆离开了。后来,玛利亚姐姐将诗人的处境上报给了相关部门。没过多久,他们将阿勒库勒接到伏龙芝来了,还在医院治疗了一段时间,不到两三个月的时间,以前的他貌似又回来了。过了两年以后,我又一次见到了阿勒库勒,他向我问道:'你读了我的爱情诗歌集了吗?'我回答:'我读了。'随后阿勒库勒又说:'我有一首献给您的诗。'就这样,我在阿勒库勒活着的时候见到过他两次,也没有别的可说的了。"

　　诗人阿勒库勒准备永远告别自己生前深爱的伊塞克湖。他沿着湖边慢慢走着。晚上,湖周边村庄里发出的光仿佛与天上的星星融为一体,陪着你共同散步。湖面波光粼粼,安详且平静。微风吹拂在脸上,湖面上的天鹅若隐若现。

　　对阿勒库勒来说,伊塞克湖是他生命中不可分割的一部分。如果可能,他宁愿变成鱼,余生都生活在湖里。对他来说,这里仿佛上天注定般是他的归属地。他沿着湖边散步,呼吸着清新的空气。这样,身上的病痛和肩上的压力就一同卸下去了。

　　脑海中想起瓦伦蒂娜·彼得罗夫娜·拉米左娃说过的一段话:在伊塞克湖州,有许多阿勒库勒亲近的人,例如当地德高望重的前辈迭尔坎拜大伯等。每次去拜访他们前,阿勒库勒总是感到忧郁和纠结,不知道该带些什么东西过去。然而,瓦伦蒂娜对阿勒库勒三番两次去拜访别人很不满。她更希望他用这段时间去一些著名的疗养院疗养身心。然而,诗人会微笑着对她说:"对于我来说,有什么地方能比得上这里呢?"就这样结束了这个话题。诗人的淡定和从容让人印象深刻。

永别了,迭尔坎拜大伯。你对诗人的关心和爱非常深厚。他应该永远铭记和你相处的时光。即便生命如同被风吹落的叶子一般转眼就消失不见,但总有些东西是永恒存在,永远被铭记的。

永别了,陪伴诗人最后一段旅程的小房间。虽然你时常寒冷刺骨,但你同样见证了诗人无数次创作诗歌的背影,承载了一张又一张散落的纸张,见证了他的喜怒哀乐。

现如今,阿勒库勒留下的诗歌会温暖一个又一个有幸遇到他的灵魂。与此同时,我们再也没有机会看见他在湖边漫步的身影。

　　阿勒库勒·奥斯莫诺夫自认伊塞克湖州是自己的故乡，因此他由衷地喜欢着抑或崇尚着这里的山山水水、一草一木、走兽飞禽，更加喜欢着故乡的人们，继而我们可以在他的诗歌中读到他对这里的山水及人们由衷的喜爱，例如在他的诗集中："命运多舛的吉尔吉斯人就像搭上了七头牛拉的命运牛车四处流浪，最终群山成了他们的落脚点""吉尔吉斯人就像福星高照""吉尔吉斯人是我的心头肉"。诗人常常畅想着，若条件允许他想走遍故乡的每一寸土地。他游历吉尔吉斯南方和天山山区（吉尔吉斯境内），见证了故乡的风土人情，因而更加深爱自己的人民，最终把见过的听过的都变成了诗歌，而这些诗也成了医治他心中赞颂故土的诗歌之瘾的良药。

　　1946 年夏天，他去了坐落于天山的阿特巴什①游历，在当时于当地任教的卡穆奇别阔夫那儿住了近一个月，其间他

① 阿特巴什：属于今吉尔吉斯斯坦纳伦州。——译者注

们一起去了萨穆丁·卡穆奇别阔夫的家,而卡穆奇别阔夫这样回忆诗人:"阿勒库勒每次出门会沿着阿特巴什那个满是兔子和野山鸡的矮树林里走到不见身影,偶尔席地而坐,好久才回家。他沉闷不喜言语,草稿本和笔从不离手,晚上会咳嗽咳到天亮,天一亮便会沿着水渠边走到泉眼,洗好随身带着的不让人看到的瓶子,然后把它放进口袋里。诗人虽不喜言语,却和村里的老人有着许多话题,总是喜欢和他们交流各种神话与传说,每次都会一字不落地写进随身携带的本子里。其余时间,要么坐在流水旁听着水流声,要么侧躺在草地上望着白雪覆盖的群山。"

　　阿勒库勒在阿特巴什总共游历了两个月,厚厚的一本笔记本被他写得满满当当,后取名为《阿尔帕①印象》。他在那边找到了自己的诗歌和知己,神话与传说被他收入囊中,而在此遇到的各式各样的人和他们的性格就成了日后他写戏剧剧本时的灵感养料。虽然他游历祖国各地,但是却并没有急于求得什么神医、获得什么民间偏方让自己的肺病得到好转,也并非为了获求财富而奔波,他在旅行中渴望获得生命的救赎,渴望获得人民的处世智慧。他心中的诗句来自人们的命运、生活,以及劳动。诗人拥抱着故土的芬芳,体会历史遗留的痕迹,认知历史,就像爱惜自己的子嗣一般爱惜着这

---

　　① 阿尔帕:吉尔吉斯斯坦纳伦州阿特巴什区的牧场(草原)。——译者注

一切。诗人对故土的爱就像孩子对母亲的爱一般纯洁无瑕，他的诗句像孩子对哺育了自己的母亲所说的话："让寒冬腊月刺我入骨可别冷了你，你的苦痛你的忧愁，我来为你承受，千万次我愿自己受苦也不愿你有恙，我亲爱的故乡""我生来为你而生，我的母亲我的故土"，如此的诗句数不胜数。他内心对故土的爱，让他变成守护者，变成遮风挡雨的大海屏障，变成不让故乡的人挨饿受冻的富饶的山水森林。他写出治愈人的良药般的诗句献给故土的人民，他像一朵芬芳的花朵一般芳香满世界，他想让自己的人民过上锦衣玉食的生活。他总是想把这些最美好的事情献给自己的人民，甚至写过："希望你们子嗣平安成长，每日每餐津津有味。"

阿勒库勒把自己短暂的一生都用在了闻世间花香、感受鸟儿扇动翅膀时的微风、静静地望着湖中的涟漪、被风吹得滚滚的麦浪、听泉眼波涛水声、见证树苗长成参天大树。他的爱连同他的诗句洒满了人世间，找到并且感受它是我们唯一能做的。

故乡的风因为这些作家而芬芳，故乡的山水因为这些诗人更加秀丽，故土的历史因为有这些诗人显得更加壮丽，因为他们的诗篇为我们阐述了"未来会比过去更加美好"，这些诗句确实有如此魔力。当我们阅读这些文章和诗句的时候，我们会更加确信故土的美好，这会加重我们心里的思乡之情；当我们随着诗句打开自己的思绪时，我们总能想到山间的风带着山花烂漫的味道使我们沉醉,想到在山泉流水旁戏水沐浴,像羚羊般沿着草原里的山脊迎着风奔跑,与白云争着快跑到花开遍野、蝴蝶飞舞的地方,在山谷中纵声歌唱。这些都是诗歌的魔力。

阿勒库勒在故土上起过誓言,他在 1950 年去世前四个月曾在自己的本子里写道:"我在此发愿:从今往后我就算被砍头也不要以言语伤害他人,不要以讹传讹,不要说出谎言,不对他人行坏事,不要有嫉妒之心,不起贪念,不行吝啬之事,不做昧良心之事,不抢占他人便宜,一心一意只为自己的民族和国家做贡献,带着纯洁之心以及其他。"古往今来的文人墨客为了让人们往好的方向发展而前赴后继、鞠躬尽瘁,而奥斯莫诺夫心中的一团火焰便是为了这真善美。

那么,我亲爱的读者,请随我来,让我们一起感受这伟大思想所产生的美妙绝伦的诗句,一起进到诗歌的圣殿对伟大的决心进行膜拜,感受阿勒库勒的誓言,就像希波克拉底誓词一样,逐字逐句阅读经典,在心里为自己发愿,因为故土不仅是阿勒库勒的羁绊,还是我们每个人的誓言。

我亲爱的读者,那么接下来我会为你讲述让阿勒库勒流连忘返的第二故乡——乔尔蓬阿塔①。就像诗人在诗句里所写:"人间美景均在乔尔蓬阿塔,一座坐落着无数美丽的村镇。"他在戏剧《阿布尔喀斯姆·詹波洛托夫》中借助某个角色之口说出了自己的心里话:"我兜兜转转又回到了湖州,她总是有着某种能使人对她产生思念的魔力,湖州的冬天没有刺骨的寒风,夏天也没有使人难受的酷暑,骑马能到达的地方哪儿还有比这更好的,没有。"

阿勒库勒·奥斯莫诺夫于 1946 年秋天来到了伊塞克湖边的比尔里克村,一直生活到他离世,一旦在城里办完事他就急急忙忙地回到农村的家。他曾经这样写到乔尔蓬阿塔:"在此生活一个夏天如同年轻了一岁,如同青春再次降临,每每身处此地便不受命运摆布,因此生活如此美好。"

比尔里克村在 20 世纪 30 年代创建了名为艾普肯杜的

---

① 乔尔蓬阿塔:坐落于吉尔吉斯斯坦伊塞克湖州的一座城市。——译者注

集体农庄,农庄里既有畜牧业也有耕地,在阿勒库勒的戏剧里的角色们,尤其是那些生活在农庄里的,都是些每日劳作的疲惫之人:"收割烟草、灌溉耕地、畜牧计划、牛奶计划、食用油计划、羊毛计划,还有其他类如上述。"

　　阿勒库勒刚到村庄的时候,因为战争,整个村庄萎靡不振,村里百余户人家共有三十多名壮年男子战死疆场未能回家。但是随后卫国战争胜利的消息让整个村庄恢复了往日的热闹,生产恢复到了原来的水平。他居住在湖边的夏令营用房里,夏令营于 1938 年创建,度假的少年们只在夏天到来,不过一直到秋季中旬才停止喧闹,而小孩子们的喧闹声也成了除湖边美景之外诗人最大的陪伴,他常常心情平静地看着孩子们嬉嬉闹闹,因此他想写关于少年的诗歌。诗人在乔尔蓬阿塔日夜劳作的工具便是纸和笔,而他的大部分诗歌便是在这冬暖夏凉处问世的,就类似于"诗人为何而来""我不为财而来""我来此为诗歌,不管寒冬如何我不停歇",等等。他甚至在 1946 年的 11 月 4 日一日内创作了九首诗、10 日一天内又创作了十首诗,此后又在纸上落下了早前想好的戏剧剧本。阿勒库勒的创作一般都在夜晚,他开着窗户,伴着蟋蟀的叫声和湖水的波涛声,看着湖面倒映的月光,在摇曳的烛光中写下:"我要写出佳句如同亲吻它足背,若未能免俗我的泪如雨下,摇曳烛光下我写出绝句,幸福啊我,不只是我还有我的残影……"

　　阿勒库勒在 1947 年写出了很多戏剧剧本,其间,他对《玛纳斯》史诗和民族命运进行了思考并进行了大量的阅读。翻译了《莱丽与麦吉侬》《叶甫盖尼·奥涅金》等经典戏剧和歌剧。

　　见过那时诗人进行创作的书房的库尔曼拜的儿子玛依玛克这样说道:"他在书桌前用手托腮,披着自己的大衣,在他的周围散落着草稿纸,其中不乏被揉皱和撕碎的纸张,我那时候还以为阿勒库勒是如此讨厌纸。"

　　村庄少年常去游玩的山腰平台上当时有个老房子。那里生活着一个叫"削匠库尔曼拜"的老人。阿勒库勒一日三顾老人的家。库尔曼拜坐在火炉旁削木头,热情地让从外面进来的诗人上位就座。库尔曼拜的老伴翻开炉盖,放进干树皮,炉子里一下子燃起旺火。

　　库尔曼拜用木头做木碗、木盆等用具。因此,村里的妇女们尊称他为"削匠哥"。可能是阿勒库勒爬山的时候劳累的缘故,刚进屋,他先是在羊皮毯上侧躺着以欣赏的目光看着库尔曼拜做的木具,而后陷入沉思。他把木匠高超的手艺和诗人为创作而苦思冥想作比较,意识到创作出好诗也同样需要辛勤的劳动。阿勒库勒对那些饱受清贫、满足于现状、过着平平淡淡的生活的人,对他们简单的生活、劳动感到欣慰。把自己和他们作比较发现,其实自己也没有什么过人之处。比起他们来,他只是会码起几行字写成诗歌罢了。原来他一直把自己想得高于他人,还为此沾沾自喜。他决定满足于自己所拥有的一切,不再为自己得不到的东西而忙活,要智慧地看待自己的生命。

关于库尔曼拜,阿勒库勒在《杰恩西汗的父亲》中提到过。诗中没有具体提到库尔曼拜的名字,但是库尔曼拜有个叫杰恩西汗的女儿,今年①二十五岁,阿勒库勒刚来的时候她才两岁。像诗人提到的那样,杰恩西汗她爸结束一天的活儿,在黑夜中拉着缰绳,骑着马儿,在马嚼子的响声中回到家中,他回来时灰暗的房间内亮起灯。

有时候阿勒库勒向库尔曼拜询问民间的传说、事件、英雄事迹或者村子里的新鲜事。一开始,老人对阿勒库勒的这些问题感到惊讶,不理解地自言自语:"问这些有什么用?"慢慢地老人也习惯了。库尔曼拜跟他讲自己知道的、看到的、听说过的:《不死之人的故事》《伯乐托鲁拜的传说》和各种动植物的名称等。

库尔曼拜老人现已九十多岁高龄了。他一直生活在比尔里克村到50年代,后迁家几载后又回到老家盖了房。库尔曼拜让阿勒库勒代写的书信现在存于诗人的书籍中。在那些信件中记录着库尔曼拜让写的:村里的新鲜事和村里的麻烦事、招待诗人的准备、对城里的儿子的不安,等等。

库尔曼拜老人这样回想起第一次见到诗人时的场景:"叫尼古拉斯的疗养院领导传话让我去找他。我一过去他就

---

① 注:指1970年。——译者注

跟我讲：'这位诗人是阿勒库勒·奥斯莫诺夫,他让我在村子里找一个不错的人,所以我就叫了您。'三十岁左右,低鼻梁,高个子,戴着黑帽子,身穿灰色外套的意气风发的年轻人伸出手向我问好。而后我俩欢畅交谈,他来乔尔蓬阿塔是疗养的。他也真诚地透露了心声,我说这样正好,若我家合你意,以后就在我家吃饭。我俩回到了家里,从此他就和我自己孩子一样了。"

库尔曼拜老人给我们指了山腰平台上的那块阿勒库勒打算盖木房子的平地。可怜的阿勒库勒说过如果身体好起来,能够和人们正常打起交道来了,就在库尔曼拜的房子边上的平地盖木房子。木房子对他的身体有好处的吧。他说过怎么把松树手把手拉到这边的想法。那时候找辆车、找到车辆能通过的路可艰难了。

现在已经老了的比尔里克村的人们当时听说过关于阿勒库勒的话。虽然大部分都没有和他见过面、聊过天，但基本都看到过诗人的身影。起码都能说出关于诗人的两三件事。我们从比尔里克村的人们口中想象一下诗人的样子。

比尔里克村的人们从入秋开始以来一直看到一位在村子边上的山丘下铺好草后整天就座的陌生年轻人。起初，人们为山丘上的陌生男子怪异的行为感到诧异，耻笑道："年纪轻轻，整天在那儿啥也不干，就干坐着。"后来人们听说那个人是诗人。原来诗人是这样创作的啊？是谁这么折磨他的呢？好好地待在温馨的家里面写写诗不好吗？这农耕的农田有什么好感兴趣的？能从这贫瘠的田野中找到什么呢？……

每当早晨，到三个牧业点的田地去干活儿的妇女们看着那位陌生人，嬉笑着聊起天来，说道："哦，对了，是来削匠哥家里的客人。送他一把麦秆做礼物怎么样呀？"她们便在笑声中坐着马车驶过去。

阿勒库勒走在无边无际的田野里，走在摇摆的金黄色的麦浪中……

从远处传来劳动妇女们动听的歌声。天空中鸟儿鸣啭着飞去。小小一只鸟的鸣啭声衬得如此广阔的田野更加让人舒心，更加美丽。估计诗人的使命也像这只小鸟一样吧。阿勒库勒突然来了灵感："小小鸟儿突然发出鸣啭声……"

拉麦秸的老牛在那唯一的土路上扬起被熄灭的火把散发出的烟雾似的白茫茫灰蒙蒙的灰尘。远处隐约出现了草堆。阿勒库勒走近用石磙来回碾压小麦、用木锨把麦粒迎风往天上扬以吹走麦糠的农民们身边，说道："愿你们的粮食丰收！"这些收粮食的人们对阿勒库勒并不陌生，手握木锨的一位农民回应道："愿如您所愿！"而后伴着"沙沙"声铲起麦粒往天上扬去。那一铲麦粒像下一秒就要碰到天上的白云似的飞到空中，如美女一头长发随风飘扬，而后如初夏的冰雹那样噼里啪啦地一头扎到地上，越来越多的麦粒垒成了一个圆锥形堡垒。

"风赶来！风赶来！"（类似于呼唤起风的说法）农民向西天用粗犷的声音呼唤起风。而后又把木锨丢在麦穗堆边上，坐下来捡起小石子儿扔向别处。

阿勒库勒挺长一段时间里在看着农民们干活儿。

"现在让我来扬麦粒吧。"阿勒库勒从地上捡起木锨。

"诗人来帮忙了，托诗人的福，我们今年的粮食要丰收了!"在封袋口的黑胡须老汉说。

阿勒库勒手握木锨往天上扬起了麦粒,而此时此刻的风突然停下来了似的,他扬起的麦粒又落到了他的脸上。此刻的他在这像雨滴一样落下来的麦粒中像小孩儿一样戏耍着。

"召唤风吧。"刚刚那位黑胡须老汉说道。

"风赶来!风赶来!"阿勒库勒嘟囔着。他的声音微微颤抖,这时才意识到自己有点缺氧。

"好了,这下让我来扬吧。"前面扬麦粒的那个人说道,"您好像有点累了。"

阿勒库勒交过木锨,双手捧起麦粒,把五六颗麦粒放进嘴里咀嚼了起来。

阿勒库勒擦擦汗,看向了农民,而农民看起来一点也不累,依然像刚刚那样呼唤着风,扬起麦粒,一直干着活。

此时阿勒库勒脑海里不知从什么地方飞来了一行诗句:"赶来,赶来,把风赶来,刮起来……"

阿勒库勒以欣慰之情告别了那些辛勤劳作的农民,开始往家里走去。他脑海中在酝酿着一首新诗,像孩子般喜形于色,反复咏唱着这几句诗句。他就像是猎人带着猎物回家一般,由衷地欢欣鼓舞,尽管这些句子平淡无奇,对普通人来说没有什么特别之处,但对阿勒库勒而言却意义非凡。

每当人们结束一天的劳作各自回家的时候,诗人也会和他们一起回去。他追求的不是个人自由或融入自然,而是走进普通人的世界,聆听他们的喜怒与哀乐,与他们同甘共苦,赞颂他们身上的美好品质。诗人所爱的不是抽象的人群,而是身边一个又一个活生生的生命。

夕阳的金色光辉笼罩了村庄,像一件妙龄少女身上的精致裙装,动人且唯美。今天大家普遍较晚回家,一整天的劳作让他们相当疲倦,但大家并不觉得这是一种苦楚,因为他们是在养育他们的土地上劳作,他们对这片大地深怀感情。当听到孩子们的笑声,吃上一碗热腾腾的面条后,一天的疲劳也就消除了。

与此同时,有一个孤独的身影徘徊在湖边,聆听着湖水的波涛声和远处传来的狗叫声。他在脑海里回顾着今日所见的人们,希望这些记忆能激发心灵深处的灵感,写出几句发自肺腑的诗句,使自己也成为黑夜湖边的一道风景。

阿勒库勒每年都会来比尔里克村长住一段时间。在这里,他学习到了许多——生命、信仰、友谊、爱情,等等。村民们的坚忍性格和朴素的生活方式也影响着阿勒库勒。集体生活成了阿勒库勒敬爱的恩师,而他自己也成了最勤奋的学生。

阿勒库勒学会了当地人惯用的时间计算方式。这是一种基于深入观察和丰富经验累积而形成的通用计算方式,比如观察植物生长,当地人会以特定的名词代替一个完整的生长周期,而不会以天或小时来计算。

随着阿勒库勒对当地人的深入了解，他越来越理解他们的精神世界。他也曾在自己的作品中使用某些人的名字，深入小人物的内心世界是阿勒库勒作品的一大特点，毕竟我们的世界是由一个又一个小人物构成的。

例如，在阿勒库勒的作品《飘动者》中，描述了一个牧羊人加帕尔：

> 牧羊人加帕尔负责饲养当地疗养所的二十只羊。他身材高大，皮肤黝黑。他有一匹马，在他手里这匹马几乎是早出晚归，从不歇息。他不识字，需要计算的时候用的是独特的方法，就是在自己的棍子上画线。他看一眼棍子就能报出准确数字。

阿勒库勒在他的诗作《我喜欢》中也提到过牧羊人加帕尔。

在阿勒库勒生活的比尔里克村当时也生活着约十几户俄罗斯人。俄罗斯人有给自己的牛羊起名字的习俗，吉尔吉斯人也逐渐学会了这一点。有一位在当地养老院工作二十五年的阿比尔卡斯穆给自己的一头牛起名叫"佐雅"。他在七十岁左右曾给阿勒库勒讲述养老院的历史和他的工作。

如果你当时去了这个养老院，很有可能会碰到阿比尔卡斯穆老人一边一遍遍喊着"佐雅"，一边四处寻找他的牛。据说他和一位亲戚用"佐雅"交换了一双靴子,他还四处宣称自己的眼光很敏锐……

过了一段时间,当地修建了一条新路,许多工人在此工作。工人们常常看见一个人跑到马路边,似乎是想寻找灵感,他们很不理解这种行为,觉得这是浪费时间,并且认为这个人可能有点问题。然而,阿勒库勒不理会这些不理解,只要他写出两三句诗,就高兴得像个孩子,心情愉悦地回家。

阿勒库勒习惯在拂晓时分与还未下山的月亮道别，与还未完全上山的太阳相互问候。走在湖岸边，他非常满足于伊塞克湖的春夏秋冬的景色，甚至是感恩，他每天都能并且都要欣赏伊塞克湖的美景。接下来我们一起阅读他的经典之作《伊塞克湖的四季》，共同进入诗人的诗歌世界。

春 当春天来临，湖岸边的冬雪开始融化成一道道小水流流入伊塞克湖里。湖面在这些冬雪融化的水流流入时会形成一道道小涟漪，就像某个淘气包不断地用木棍敲打水面，平静的湖面就会变得不再平静，而后湖面上的微风又会慢慢把小涟漪吹平静下来。这时，湖岸边的草地上牛羊成群散落在各处，孩子们在草地上踢着足球，岸边的小树刚发了芽，小鸟们便迫不及待地飞入那刚开始的绿意盎然中玩耍了。而在湖岸边的田野里，你可以听到百灵鸟的叫声。

湖面上倒映着云彩和天鹅的倒影，可以隐约听到天空中正在迁徙的大雁的叫声。它可是春天的伊塞克湖的宠儿啊，正在扇动着它那比自己身体还大的翅膀往岸边飞来。大自然的鬼斧神工在伊塞克湖体现得淋漓尽致,倘若一个人能够欣赏到这景色,何尝不是一种上天的恩赐。阿勒库勒用异常期待的口吻向我们推荐说:"你要是能在春天的傍晚欣赏伊塞克湖的风光,心底会有一种亲吻了娇羞的姑娘的开心感觉。"

诗人不管在哪儿游历,都十分喜欢春季,说那是无法用语言形容的季节。若有什么特别美好的事物使他感动,他总是将其比喻成春季,所以,他的思念总是写着那些春日的景色:春雨前天空中狂轰滥炸的雷电,之后下起的温柔春雨,开始耕种的田地,春天带着花香的微风,萌发不久的青草,绽放的花儿,经历一个周期转换的新的阳光,以及沐浴在这阳光下边飞舞边啼鸣的百灵鸟。他对童年的比喻就是春天,他曾写过:"若我能像喜爱春天般喜爱我的每一天该多好。"

夏　在夏季,阿勒库勒会沿着小麦田间的灌溉渠去往伊塞克湖。夏天的伊塞克湖就像吃饱奶的婴儿般温和,所有的自然风景都达到了巅峰,湖中蒸发的水会在群山之间连起一道道白色的桥梁,而早上升起的太阳会让湖面达到一种前所未有的美丽。湖面上空的云朵像是要倒下的酒鬼一般,抑或像一棵枝丫落地的树一般,有种眼看着马上要掉到湖里的感觉,湖上栖息的白鸥甚至要飞到人类居住的村庄嬉戏,而伊塞克湖可以盗取天空的色彩使水面变成绚丽的红色,等湖面恢复成原有的蔚蓝色时,湖岸边又会被风吹出一道白线。

而关于伊塞克湖的风,阿勒库勒这样写道:"当我丢掉对生命的希望时,你的风将希望再次吹进我的心房,我的湖啊!"

那夏季的落日余晖照在山坡上呢,更是一道迷人的风景。半山腰的草地上全是蚂蚱和雀鸟的叫声,硕大的湖面就像是一面更大的镜子被打碎在原野上,镜子泛着光,在傍晚时分跃出水面的鱼儿、湖面上稍作停留的蚊虫都被落日余晖照得一清二楚。

湖岸边,小孩们嬉笑着奔跑,就像刚出生的小马驹,而这时便会有民间乐手在堆得像山一样高的草堆旁边弹奏着。湖岸边的村镇满是青绿,生产队堆起来的草堆更是一绝。当伊塞克湖湖面穿上太阳赠予她的粉红裙子时,你便可以伴着这景色在湖岸边听着青蛙带着各种动物演奏的大自然交响曲。到了夜晚,月光洒在伊塞克湖的水面,形成一条条美丽柔软的金色大道,那金色的波动仿佛暗藏着世间最美妙的事物,拥有着奇妙的变化。

秋 秋时围绕着伊塞克湖的青山会慢慢脱去自己翠绿的衣裳,天边乌云总是汇聚到湖面上空,仿佛下一秒就要对湖面进行狂轰滥炸,而夏季总是安静的伊塞克湖这时也会变得脾气暴躁,波涛汹涌,湖浪大力地拍打着湖岸,湖中的冷空气随着风吹着湖岸。湖岸边的村庄里,树木因脱去自己夏季的绿衣而失去朝气,逐渐老去,田野中的庄稼和牧草也早已被收割好，只留下收割之后的原野偶有几个小草垛。"粉红的山坡，乱石凸显，草垛已成别样祥和。"秋风吹走未被收集的秸秆碎，原野上的石头因为没有青草的覆盖而更加凸显，水渠带着黄叶流入湖中。

秋夜，可以听到湖面上白鸥们争抢栖息地的叫声，虽然湖面显得些许冷清，但是村庄里却热闹非凡，阿勒库勒尤为赞赏秋季："收获的季节，好时节。满仓的谷物，满车的小麦，人们劳作到天黑。瓜果飘香，属于葡萄的时节，农庄带着人们搞生产，民以食为天。"秋季的富饶，人们的丰衣足食让阿勒库勒由衷地感到开心，像是自己收获一般为他们开心，像是猎人打到心满意足的猎物一样开心。

冬　四周静怡，天地被白色覆盖，湖面平静得让你感受不到任何的生气，但也偶有气泡升到湖面炸裂开来，仿佛有人在湖底架起了篝火把湖水煮沸了一样。太阳总是被山峰挡住，而它的光束犹如一道道利剑插入了天空，为世界增添一份独特的光彩。"冬日原野的地面毫无光彩，仿佛天空一人独享两人的美丽。"附近的村庄有人牵着马匹，有人赶着牛群。偶有几人在劈柴，从屋顶把存草搬下来喂牲畜。不知是因为冬天会让他的病情加重还是别的原因，阿勒库勒总是不太喜欢冬天，因为湖岸边冷得瘆人。阿勒库勒这时便不敢再靠近湖岸边，他会静静地坐在屋里烤着炉火，擦拭干净窗户，透过窗玻璃静静地欣赏伊塞克湖的白色世界，湖中偶尔方可

得见的白天鹅就像是生活中的希望。而阿勒库勒的大多数
诗歌便是在这种昼短夜长的冬季的漫长夜晚中完成的。

　　诗人阿勒库勒长期生活在比尔里克村,他深入了解当地人民的生活并同情他们面临的各种困难,由衷敬佩比尔里克村人民顽强不凡与吃苦耐劳的精神。生活在比尔里克村的经历不仅开阔了阿勒库勒的视野,也让他对人生有了更深刻的思考和理解。

　　从二十二岁起,阿勒库勒开始创作舞台剧本。在比尔里克村期间,他创作了许多舞台剧本,比如《护草人阔曼》《热克亚》和《阿布尔喀斯姆·詹波洛托夫》等。这些剧本的质量不亚于当时专业编剧的作品,但出乎意料的是,它们却很难获得广泛宣传和演出的机会。

　　阿勒库勒在剧本中生动描绘了村民当时的精神面貌,记录下他们在集体劳作中的喜悦与疲倦,以及生活琐事中的烦恼与感动。他提到农庄成立至今已十七年,彻底改变了人们的生活方式,人们的精神世界也随之发生重大变化。诗人从这些鲜活生命中取材,创作了许多反映人们生活变迁的诗歌和舞台剧。时至今日,许多人在阅读阿勒库勒的作品时仍会发现其中像是如实描述了自己的经历，由此而感到欣慰，并与他人讨论相关内容。

阿勒库勒通过戏剧与诗歌记录了人民在社会变革中的心路历程。他细致入微地刻画普通人的生活与心理，让我们今天仍能在他的作品中找到自己的影子，并由此产生共鸣。阿勒库勒不仅是一位才华横溢的诗人，更是展现人民生活的天籁之音的乐师。

阿勒库勒希望记录当时苏联政府为改善人民生活所做出的努力，例如集体化改造带来的好处：改善了教育和医疗等。尽管生活艰辛，村民们仍然热爱生活，追求美好，喜爱艺术，展现出积极乐观的态度。阿勒库勒从中汲取灵感，在作品中传达生命的宝贵和人性之美。阿勒库勒笔下的村庄尽管环境简陋，却充满生机与活力，彰显了社会主义理想。

可以说，阿勒库勒的作品见证了一个时代，也体现了作者的人文情怀。他的作品歌颂了生命力与人性之美，表达了崇尚社会进步的崇高理念。阿勒库勒以一个集体的生活写照，反映出他心目中的美好社会与崇高品格。

阿勒库勒把自己想说的话通过他作品中的人物表达出来，比如在《阿布尔喀斯姆·詹波洛托夫》中，诗人借主人公阿布尔喀斯姆的口说："在我年轻的时候，如果我想了解历史上伟大的诗人，像普希金、莱蒙托夫等，我只能依靠他们留下的照片认识他们。那时我没有能力深入研读他们的作品。

同理，要认识我们同时代的伟大诗人或作家也需要时间的沉淀，我们只能以他们是否留下足够有价值的作品来评判他们。他们才刚刚起步，现在就得到鲜花和荣誉还为时过早。"

　　湖面上，波光似曾相识，又有所不同。比尔里克村已经改变了原来的面貌。现在，人们收割庄稼，已用机械代替了人力；荒凉的土地也不再荒凉，而能获得丰收。高山深处，一个又一个疗养院拔地而起，吸引各地游客前来。这曾经人迹罕至之地，如今热闹非凡。

　　现在的青年在他们小的时候，还能在山上见到诗人坐于案头写诗的身影。而今，这些青年已能在杂志上发表述及诗人的文章。当年要爬山观景，今日出门便是风景；当年要骑马奔腾，今朝坐上汽车即可疾驰远方。平地上，楼房鳞次栉比，机场等基础设施日趋完善。汽车来来往往，这在当年无疑是稀罕之物。曾经的青壮年，今日已口齿不清，面目苍老。

　　在比尔里克村，有一位德高望重的老人，名为桑萨尔拜。他是村里的牧羊人，深受村民们的尊敬。桑萨尔拜出过一本小册子，介绍如何提高玉米产量，在当时引起非常大的反响。中央政府甚至派人前来拜访，各大报社的记者也频繁进行报道。

桑萨尔拜初遇诗人阿勒库勒是很多年前的事了,当时阿勒库勒还是个青涩的少年,刚从城里来到比尔里克村。桑萨尔拜偶然间望见阿勒库勒,便生出一番兴趣,主动上前打招呼。阿勒库勒正沉浸在乡村的诗意景色中,与桑萨尔拜邂逅,犹如得到天上之喜。

桑萨尔拜的睿智开阔了阿勒库勒的眼界,也滋润了他日后创作的源泉。阿勒库勒对桑萨尔拜的崇拜之情溢于言表,而桑萨尔拜则十分欣赏阿勒库勒的才华,乐于与他分享自己的人生经验。这段邂逅成为阿勒库勒人生中重要的启蒙与创作动力,同时也成为比尔里克村历史上的一段佳话。

我们来聆听老爷子和阿勒库勒之间的故事:

"我和阿勒库勒成了好朋友,他常来拜访我,问及我们村的历史和村民们的生活状态。我便如实告诉他,他一直在认真聆听,时不时地点头示意。我们聊得非常投机,他还提到想要创作一些作品。

"1950年的冬天,阿勒库勒与他姐姐来拜访我。他开着一辆漂亮的蓝色'胜利'新车,但他看起来苍白而气喘吁吁,与我初识时判若两人。他说只能吃些简单的食物,来的目的是与我道别,听他这样说,我非常高兴,赶紧把家里所有好东西都拿出来招待他,但他只吃了一点点。

"吃完饭后,他告诉我一个让人心寒的消息:这可能是我们最后一次见面,因为他得了绝症,治不好了。我只能安慰他,他说如果有更多时间,他会写许多关于我们村的内容,但事与愿违。他说从我们村学到了很多,这次来主要是想表达感激之情。

"听到这些,我不知该说什么。我说人的身体就是时好时坏,他会好转的。但他说想最后看看心爱的伊塞克湖,就去了。后来他姐姐责备我们应该制止他,让他待在家里。那晚他在我家咳嗽不止,让人心疼。第二天一早他和我告别,回城里去了,三天后我收到他去世的消息。"

诗人最后一次见了心爱的伊塞克湖。在此期间,他回顾自己的人生与所爱的人,以自己的方式表达对湖的爱。他多么希望化作一条鱼或一只鸟,可只能以血肉之躯与之诀别。最后,他见到湖面上天鹅在嬉戏,也与一个个善良的村民告别。虽生命短暂,他却未曾对此抱怨,只因没写出更多作品而惋惜。告别之后,他离开了。

阿勒库勒的一生虽短,但他在创作道路上表现出了惊人的才华与勇气。虽然生命的最后阶段痛苦万分,但他选择在最心爱的地方与这个世界告别,同时也在那里找到最后的安慰。阿勒库勒用他的生命诠释了对于生命与艺术的热爱,这使他获得了不朽的名声与影响力。尽管离开得太早,但阿勒库勒却以他的艺术为我们留下难以磨灭的记忆。

阿勒库勒虽然离开了人世,但他的精神依然鼓舞着每一位追求真理与美好的人。他用自己的生命诠释了对诗歌与艺术的热爱,这使他永远屹立在人类文化殿堂中。阿勒库勒所传递的理念依然指引着每一位热爱生命的人,这使他成为我们永恒的精神导师。

　　阿勒库勒的生命虽短暂,但他留给世人的精神财富却源源不断。他用生命诠释诗歌,用艺术说明真理,用创作启示人性。他用真诚怜悯世人,用睿智引领思想,用勇气启迪心灵。阿勒库勒虽然已不在人世,但他所留下的一切,使他永远活在人们心中。

第四章　诗人的房屋

常常以水土不服、气候变化、身体状况为借口的诗人是柔弱无能的诗人。

——选自阿勒库勒·奥斯莫诺夫1948年的笔录

我在广阔的伏龙芝市郊外的一间面积不大的储藏室中找到了加帕尔·夏梅诺夫。加帕尔大哥是一位虽然身材高大却又黑又瘦的人,并且戴着一副眼镜,自从在战争中负伤复员回来后,就一直留在作家协会做记账员了。

加帕尔大哥不顾自己挂着拐杖,坚持帮我寻找阿勒库勒在人生晚年买下的房子。

"已经过了二十多年时间了,没准那房子早已被摧毁了呢!再说了,现在的城市变化早已今非昔比了。"加帕尔大哥说道,"不过我们尝试着猜测原来的位置,沿着这位置去寻找或许可以找到吧。这里原来好像被称为蒂米里亚泽夫吧?叫法就在嘴边,却怎么也想不起来。"路过的行人也都表示未曾听闻过又短又窄的那条街。

加帕尔大哥让我跟上他的步伐。我们决定沿着铁路一直走下去,再从青年近卫军大街返回。遭遇三番五次的迷路,经过步履不停地向前行走后,我们如愿以偿地找到了这条比较窄的大街,这时的加帕尔大哥露出了欣慰的笑容,满意地说:"可算是找到了。"

我们到了这里后才得知这里的新名称是"索库卢克街"。"这里就是这个街道,而那边正是铁路,原来是更名了呀!"加帕尔大哥连忙说道。加帕尔大哥沿着这条街道的入口数过五座房屋之后,指了指一间帐篷形状且矮小的房子,气喘吁吁地说道:"这就是阿勒库勒·奥斯莫诺夫的住所,真是费了好大劲才找到了它。"这间房子的两扇窗户正对着那条窄小的街道,朝着日出的方向。

伏龙芝这座城市对于阿勒库勒·奥斯莫诺夫而言十分珍贵,这里封存了他甜蜜的少年时光和初恋的记忆。诗人在这座春暖花开、绿树成荫的城市度过了他人生中最美好而又惬意的时光!诗人在意气风发的年纪,在这个公园里写下了他的第一首诗歌。他经常将诗当成鲜花送给心中的佳人。他们在夏季寂静的公园和充满着鸟语花香的城市之间来回徜徉,和女孩手挽手感受晶莹的水、美丽的山,享受公园苍翠欲滴的绿色和清新的空气。天空下起进入春季前的第一场雨,诗人与他的恋人一起奔跑嬉闹的场景怎能不让人难以忘怀呢?

确实,阿勒库勒童年时期的城市尘土飞扬,百业萧条,人烟稀少。到现在已经过去了很多年,诗人渐渐察觉到,人是会慢慢变老的,而城市在逐渐日新月异地蓬勃发展。在我看来,伏龙芝是一座"宛若牛奶一般纯净而又无瑕的城市"。诗人童年时期种下的树苗早已长成参天梧桐。一辆辆手拉车载着水泥浇筑在旧沙石路上,建成了一条条崭新的街道。城市绿化面积不断扩大,人居环境得以大大改善。街道上铺满了柏油,道路两旁摩天大楼林立,远看城区的万家灯火如同流星雨般闪烁,使人赏心悦目,豁然开朗。这般景色让人不禁感叹:"夜色如金,这城市的夜阑如金般绚烂。"

因此,阿勒库勒常常热情好客地邀请途经的朋友和集体农庄庄员到伏龙芝这座魅力城市来,让客人到他的新房子做客和歇宿。诗人不论自己身处何方,无时无刻不思恋着伏龙芝这座城市像诗歌般秀色可餐的春秋季节。诗人永远不可能会遗忘这座城市吧? 因为我想起诗人曾说过这样的话:"我宁愿与我的知己永久分离,却不可能与它阔别半分。"

翻阅阿勒库勒的手迹时,我格外留意到了 1948 年著成的剧本《阿布尔喀斯姆·詹波洛托夫》的几页纸背面诗人的手迹,我看到有一段诗人不知给谁写的申请书最后几行,因为纸张褶皱或是纸不够写了吧,诗人在这用打字机打的申请书空白处写了剧本的内容,这段申请书的大致内容是这样的:"第一,因为身体状况欠佳,阿勒库勒在伏龙芝为自己建造一栋房子而申请建房用地。第二,恳求重新印刷鲁斯塔维利的著作《虎皮武士》或者是希望相关部门协助出版已翻译但还未用吉尔吉斯语出版过的莎士比亚的《奥赛罗》一书。"我们现在可以看出,收到申请书的这个人显然是领悟到了诗人的蓄志，没有刻意无视诗人，因为阿勒库勒在 1948 年的夏季，在伏龙芝市的西南方向靠近铁路的蒂米里亚泽夫街道（今索库卢克街道 10 号）申请到了建房用地并建了新房。

重新回首那段岁月，诗人那时已病入膏肓，身体每况愈下。身在伊塞克湖的他，在伏龙芝居无定所，总是一人独来独往，真正的朋友和交心之人可谓少之又少。诗人在自己的手迹里写着："在生活中我们本有很多志同道合的友人，但到最后我们各奔东西，只是偶尔不期而遇，那曾经青春缤纷的幻想，到如今已经没有往日的温暖，剩下的全都是冷漠。"

诗人有着胜人者有力、自胜者强的品质，尽管总是面临种种水深火热的情况，遭遇举步维艰的险境，但总能像库姆孜琴的琴弦般飞扬、跳跃。阿勒库勒在自己的书中写道："我对自己的人生十分满意，因为我自始至终有一个叫诗歌的伴侣。"所以话说回到原点，难道会有人替诗人负重前行吗？因此，他漂泊他乡，依旧迈着坚定的步伐，重新踏入荆棘遍地、坎坷泥泞的人生之路。这也让我们不难想起他的一首诗：

> 无论人生如何艰辛，
> 身处怎样的逆境中，
> 只需我大难不死，
> 日后必有所成。

阿勒库勒一直梦想着自己能够在一个属于自己的房间，独自一人生活，希望自己能在这里进行创作，一直幻想着用细水长流的心，过柴米油盐的日子，这是他多年来的梦想。事到如今，他的这个梦想也实现了。

阿勒库勒因为买了房这件事情而常常心潮澎湃，内心散发出无限喜悦，因此我们能在他的手迹中看到关于这些的内容："我买房了，脸上藏不住的喜悦和激动，就连夜莺也因为我的喜事鸣叫了二十四声；我买房了，院子里绿树成荫，繁花满园，一边是西红柿和苹果树；夜里我偷偷舀来了一瓢水，浇在了西红柿上，无偿的水何尝不是最无价的？樱桃花儿争相开，花团锦簇满枝头，我为它们建造了如同燕子窝般的住宅。"

阿勒库勒的房子坐落在伏龙芝市的一个工厂附近，天还没亮就能听到工厂里轰隆隆的鸣笛声和各种机器的声响，夜里也能听到杂乱扰人的噪音。从早到晚都能听到这个郊区街头上来来往往的工人的喧嚷声。阿勒库勒对工人们的一举一动和他们每天的日常活动以及他们的性格，甚至他们的职业感到格外好奇，诗人决定将他们写在纸上。从此，在诗人的本子上逐渐出现了关于工人的诗行和故事。

"工厂之子……我眼前的是工厂，是技术。时时响起鸣笛声。我爱工厂的每一个零件，工厂如我亲兄弟。"

"虽然我与工人们同居一个院子，但是我每周才能见到他们一次。工人们的内心深处总是有种温暖而又仁慈的品质。"

"巴斯阔夫·沙尔先是这个工厂的五级电钳工。技工马科维奇是共青团员，是一位良师。……得不到奖励（建团三十周年）……十七岁开始一直在工厂上班。他父亲是肉品公司的老员工，其母亲也是工人（吉尔吉斯工人家庭）。"

虽然阿勒库勒早就有了将工人们作为自己的写作对象的念头，可这件事到头来也没能实现。因为诗人还没完全了解他们的真实生活、言谈举止和内心世界。

诗人的邻居 D.塔姆臣考关于诗人的回忆：总是在大街入口处的房子屋檐下的椅子上，他就好比等待自己子女的母亲似的看着那些下班回来的工人和上班途中的工人。诗人偶尔会和工人们闲话家常。

诗人的房子还保持着他生前的原貌：两间次卧，一间进门就能看到的过厅。不仅如此，诗人生前雇人在房屋室内的天花板上安装的薄木板都丝毫没有变化。

这栋房屋的命运是这样的：诗人过世以后，诗人的表弟波洛特别克·斯德尕列夫和其母亲哈尔瑟大娘继承了这栋房子。1956 年，他们以两千两百卢布①的价格卖给了塔蒂亚

---

① 卢布：当时吉尔吉斯斯坦通用的货币。——译者注

娜·特罗菲莫娜·埃夫格拉辛,随后,他们搬去了喀英德村。后来这栋房子由埃夫格拉辛转卖给了萨夫基纳·卡佳那,又没过多久,佩佩利亚耶夫·尼古拉买下了它。

房子现在的主人佩佩利亚耶夫称自己也不晓得这个住宅原先是诗人的,他也毫不掩饰这件事,表示自己有个女邻居或许认识我们想了解的人。随后,佩佩利亚耶夫大声叫喊道:"安雅!"待我们走进院子时,从隔壁院子中探出一个脑袋,我们看到了一位接近知天命之年的女人的脸庞。她看到我们,立马放下手上的东西,挺直了腰。

"50 年代时,您是否认识或了解当初这个住宅的主人——诗人阿勒库勒?"

"我是五一(1951)年搬进这栋房子的,先前是我奶奶在这栋房子里生活,此后我奶奶去世了。奶奶常常跟我提及这个人,我也听奶奶说过不少事。"安雅从容不迫地说道。

"听奶奶说诗人一人生活,后期因肺结核过世了。这些不是已经很多人写过吗? 还有什么可写的吗?"

"您读过他的作品吗?"

"读不读也知道啊!"她不耐烦地说道。

"诗人都过世这么些时间了,早就有人写过了吧! 有些人只有死了后别人才能知晓他的价值。"

我们和佩佩利亚耶夫告别后,我又重新叫出了住在阿勒库勒的房子隔壁院子里的妇女,她是塔姆臣考的女儿。"你们还有什么事儿吗?"女人神情黯然地说道。"你们从何时起一直住在这里的?"善良而又仁慈的女人微笑着回答道:"1943 年至今。又发生了什么?你们是从市电视台来的吗?那天好像还来过一回。""隔壁这栋房子里曾经有个叫阿勒库勒·奥斯莫诺夫的人住在这里,你们有印象吗?"妇女思考了片刻后笑着说道:"我知道,进来吧,我的父亲和母亲他们或许比起我能告诉你们更多的事情。不过,我们正在为冬雪的到来修缮后屋的屋顶,希望你们不介意。"

邻居塔姆臣考一家人原先在这栋房子生活,房子的主人丹尼斯·谢苗诺维奇是一位八十三岁的老人,1960 年,他们从卢戈沃伊来到伏龙芝。丹尼斯·谢苗诺维奇的职业是医士。因为他们当初自建的房屋和工厂规划建造的建筑位置重合,1943 年,他们只好又从索库卢克街道买下自建房地皮建了新房。

"我个人认为阿勒库勒·奥斯莫诺夫是一位杰出的翻译家、诗人和好公民。"丹尼斯·谢苗诺维奇像是人生第一次要上报纸的访谈节目似的,刻意使自己看起来格外端庄优雅。这种时候人总是学着见多识广的文化人,言辞变得十分得体,谈吐有度。"我还记得那年阿勒库勒诗人因为新年在报纸上刊登了自己的一首诗:'把金钱看淡,把名利看浅,给予我美意延年,不如新年之际使我再能写下绝美佳诗两行,愿山河无恙,人间皆安。'"

"停一停,当家的。"床上坐着的一位名叫玛丽亚·格拉丝莫夫纳的老奶奶打断了老人的话。老奶奶又对谢苗诺维奇说道:"他对诗人的诗歌那可谓是了如指掌,真是的!可他对你说的那些兴趣不大,他想了解的是诗人先前的一些生活习惯与兴趣爱好相关的故事,说说他感兴趣的话题。""那好吧,人老了之后就开始变得言帚忘笤了,已经记不清其他事情了,那就让我的老伴和我的女儿告诉你们吧!"老人说道。

玛丽亚·格拉丝莫夫纳比她的老伴儿丹尼斯·谢苗诺维奇要更加健康,今年已经七十七岁了,家里的家务和琐碎的事全靠她一人打理,而丹尼斯·谢苗诺维奇则双手放在双膝上,他的两颊布满了银白色的胡须,像是要拍一寸照似的挺立着他的腰板坐着,时不时地赞赏着老伴儿所说的言语,迎合着老伴儿频频点着头说道:"就是,多么优秀的一个人。"

玛丽亚·格拉丝莫夫纳下意识地看了看阿勒库勒的房子,嘴里嘟囔道:"我应该还能想起一些其他事情……那位诗人在生活中总是孑身一人,如果别人问他什么,他都会专注地盯着别人的眼睛,微笑着回答他人的问题。"

"对,他就是这么一个人。"丹尼斯·谢苗诺维奇迎合着老伴儿说道。

"哦,对了!"玛丽亚·格拉丝莫夫纳看了一眼院子说道,"他的院子里有两棵杏树,每到秋季时总能看到他在杏树下捡着什么东西。还记得他在一处毛毯大小的地方栽种了一些红草莓,他还喜欢在院子里种洋葱。"

"他偶尔还会给庭院浇水。"丹尼斯·谢苗诺维奇插了一句。"住嘴吧,当家的,可别再胡言乱语了。"玛丽亚·格拉丝莫夫纳说道,"他总是一阵阵地咳嗽个不停,他家的灯常常整夜整夜地开着直到天亮。"

"他每到傍晚会坐在河边。"丹尼斯·谢苗诺维奇说道。"这倒是真的,"这一次玛利亚·格拉丝莫夫纳护着老头说道,"记得那是一个春天,我在我家朝着大街方向的窗户下面,沿着河边种了一些洋葱。洋葱长得格外茂盛,阿勒库勒也每每会来到洋葱地里稀奇地看着,甚至会问我一些关于洋葱的问题。就这样一来二去,过了很长一段时间后,有一次我偶然地发现阿勒库勒院子的一处空闲的地方种着清一色的洋葱。他真是一个有趣的人啊!

"我在得知他疾病缠身后,给了他很多建议:我希望他买下一头牛,这样就能经常喝到牛奶,还能吃到奶皮。他听到后点头微笑了一下。"

"那你倒也说说那个老妇的儿子。"丹尼斯·谢苗诺维奇说道。"也好,我们聊聊他。我们经常叫他瓦斯亚,是一个十七岁大的孩子,阿勒库勒诗人过世以后,他以诗人院子里的苹果树有了害虫为借口,把树全部连根拔出,做了柴火,根本没有理会我们的好言相劝。再后来卖掉了房子,然后就消失得无影无踪了。"玛丽亚·格拉丝莫夫纳在回忆诗人的表弟波洛特别克·斯德尕列夫时如此说道。"我还记得,那时有个专门为阿勒库勒诗人做饭的老媪,一位'佩西安卡'①认识她,"忽然想起来的玛丽亚·格拉丝莫夫纳迫不及待地说道,"她在居民取水点那里生活,我带你去见她。"

我和玛丽亚·格拉丝莫夫纳两人在宁静的黄昏下像是身处农村似的,在周围都是未拴绳到处乱跑的流浪狗的大街上去寻找那个"佩西安卡"。玛丽亚·格拉丝莫夫纳并不知道这个女人的真实姓名,只是因为她是伊朗人,因此每每见到她时就调侃着称呼她"佩西安卡"。

当我们找到她时,佩西安卡在大街上正和她的同伴们聊着天呢。这位六十多岁、满头白发、鼻梁挺拔的老奶奶在和我们交流时,言语恰到好处,谈吐大方得体,并与我们分享了她的所见所闻。"这些我都知道。"佩西安卡说道。她还说:"我们称这位为阿勒库勒诗人提供帮助的老奶奶叫'纳纳','纳纳'在伊朗语中是妈妈的意思。我认为她可能在战争开始前就认识阿勒库勒,我们以前是邻居,她有两个孩子。再后来,阿勒库勒诗人买了新房子时她也专门回来帮诗人收拾物品和帮他搬家。她平日里常常为诗人做饭、洗衣服,还一起住过一段时间,偶尔我也会去看望他们。我听说她们家住在坎提那边。"

① 佩西安卡:俄语发音的汉语音译,意为"波斯(伊朗)女人"。——译者注

　　我从佩西安卡这里听到了这么多关于诗人的事迹以后心满意足地离开了。

　　"走吧!"玛丽亚·格拉丝莫夫纳说道,"我们再回到家里,我有一件重要的礼物要送给你,人一旦老了以后就变得容易忘事了。"

　　当我们又回到她家时,玛丽亚·格拉丝莫夫纳从自家的内宾房里拿出一把带有靠背、用蓝色的漆重新粉刷过的土黄色椅子。"孩子,这把椅子原本是阿勒库勒的。"玛丽亚·格拉丝莫夫纳将椅子拿来放到我面前说道。"那怎么会在你们这儿?"

　　"你知道吗?"玛丽亚·格拉丝莫夫纳说道,"阿勒库勒过世以后,我有一次看见他家里一片狼藉,当时只听见他那个叫瓦斯亚的表弟在叫卖这把椅子,因此我买下了它,从那以后这把椅子就一直在我这里了。之后这把椅子坐垫也坏了,还脱了漆,于是我们重新给它刷了新漆。"

　　我欣喜若狂地抚摸着这把椅子,目不转睛地看着它。阿勒库勒诗人的这把椅子制作得不但精致,还十分方便随身携带。勤俭的诗人原来从未坐过软皮沙发坐椅。

　　"孩子,拿走吧,这个送你了。"玛丽亚·格拉丝莫夫纳察觉到我已经对这把椅子"垂涎欲滴"了,于是对我说道。心地善良的玛丽亚·格拉丝莫夫纳慷慨大方地将这把椅子送给了我。"对我们意义也不大,我们家里的椅子已经足够多了,你如此钦佩阿勒库勒诗人,那就拿去做纪念吧!"

"对,拿去做纪念吧!"一旁的丹尼斯·谢苗诺维奇也凑过来说道。

真是一位能够顺应环境,在任何地方都能随遇而安地生活的阿勒库勒啊! 于是,我们告别了诗人的邻居们,我手上拿着那把有靠背的椅子回到家里,这一路我为自己能找到阿勒库勒的椅子而感到格外骄傲并笑逐颜开。

我要去的地方是这座城市较远的一个地区,徒步是不能到达的,于是我坐上了客运大巴。不久大巴里开始充斥着各种嘲讽的言论:"人都坐不下,这人手里还拿了一把破椅子,真是可笑。""你怎么拿着一把这么破旧的椅子啊?""谁会喜欢你这种人呢? ……"车厢里,人们摩肩接踵,脚不沾地,真是站都没地方站。我诚惶诚恐地一心想着我的椅子,小心翼翼地护着它,最后无可奈何的我只能把它举过头顶。

就在那一刻,大巴上的人们都无一例外地嘲笑着我,对我指手画脚着。

他们不会明白这把椅子非同寻常的价值,况且我也无法将这把椅子的由来告诉他们。我费了九牛二虎之力将椅子带回到了家里。

我进了家门便大声叫喊道:"喜事啊,你们快来看,我找到了阿勒库勒诗人用过的椅子。""同乐啊! 你从哪儿得到的它?"我一位也十分敬重诗人的朋友说道。我便把这件事情的来龙去脉完完整整地告诉了他。

　　"快,大家都停一停。"我一位朋友大声叫喊道,"这把椅子谁都先别坐,你先坐下来感受一下。""我坐过了。"我说道。

　　那天,我们将整个夜晚献给了诗人阿勒库勒:我们一同诵读他的诗歌,追忆诗人的过往,那天我们整夜未眠直到天亮。这把椅子现在在我一个朋友家里,他也一直将那椅子视为一件珍贵的物品,不愿意还给我,完好无损地收藏着。

我的老乡们告诉我，在阿勒库勒重病缠身期间，一位善良的叫再娜普的大妈一直悉心照料着他。

再娜普大妈在 1937 年因为战乱，从伊朗翻过险峻山川来到这里。据说，她曾有十四个孩子，但有十个不幸夭折，只剩下四个。再娜普大妈带着其中两个孩子，跋山涉水来到这里。幸得善心人相助，她才没有流浪街头。

当阿勒库勒生病时，再娜普大妈是他最需要的那位仁慈的朋友。她会去集市采买五花八门的食物，然后变着花样为阿勒库勒做他最爱吃的美食，比如伊朗手抓饭。有时，再娜普大妈还会建议阿勒库勒在庭院种植些菜。

阿勒库勒在伏龙芝买房子时，再娜普大妈带着自己的孩子暂住在阿勒库勒的新房里，不久后就搬到其他地方去了。

当阿勒库勒去世的消息传到再娜普大妈耳中时，她悲痛欲绝，泪流满面，就像失去自己的骨肉亲人。她追忆这位早逝的诗人勇敢、坚强和高尚的灵魂。四年后，高龄的再娜普大妈在塔什干①永远闭上了双眼。

在阿勒库勒 1949 年左右用于写诗的笔记本中，有一些专门记录塔什干美食制作过程的食谱。这些食谱详细记载了食物的具体制作步骤、需要的食材和分量，甚至是所用容器，等等。

再娜普大妈的长子玛麦塔利和阿勒库勒也曾有过一段交情。阿勒库勒一度非常喜爱波斯诗人菲尔多西的作品《列王纪》，希望把这部波斯语著作翻译成吉尔吉斯语。于是，他向玛麦塔利寻求帮助，要他逐字逐句翻译这部作品。

玛麦塔利六十多岁，头发花白，见多识广。他能够自如运用阿拉伯语、波斯语和法语，读书广泛、深入，热爱欣赏歌剧。他喜爱的诗人有菲尔多西、萨迪、内扎米、哈菲兹、普希金、莱蒙托夫等。玛麦塔利能够与诗人的灵魂产生共鸣，他朗读诗歌时极为投入，是一个真正热爱诗歌的人。

有一次，玛麦塔利为了给阿勒库勒送上祝福，在阿勒库勒的笔记本上写下了萨迪的两首诗，大意如下：

> 少年读书如石上刻画。
>
> 你像一个纯洁的孩子，一见你就联想到全人类，这一刻大家的心灵相通。当你不幸遭受疾病，就像是全人类也与你一起承担这份疾病。人类啊，若我们无法感同身受其他同胞

---

① 塔什干：今乌兹别克斯坦首都。——译者注

所受的痛苦,我们还是原先的自己吗?

　　玛麦塔利希望通过这首诗向阿勒库勒表达慰藉和支持,让他知道整个人类与他心灵相通,共同承担他的病痛。这显示出玛麦塔利是一位善解人意且富有同情心的人。

　　阿尔帕铁克提尔是位于吉尔吉斯斯坦楚河州的一个小村庄,在这里住着阿勒库勒的亲姐姐玛热亚·奥斯莫诺娃,她已经七十岁了,可以说是一位儿孙满堂的老奶奶。我们从玛热亚大妈那里也了解到她有关诗人阿勒库勒的记忆和其自身的经历。

　　每当玛热亚大妈回想往事时,我们作为旁观者都能体会到她成长的艰辛。她才十四岁就尝到了生活的不易,失去了父母亲,只能自己去面对生活。她隐约记得她母亲阿勒腾当时三十来岁,被流行一时的传染病天花夺走了生命,过了三年又同样失去了父亲。

　　她回忆说,当时阿勒库勒刚刚出生不久,就失去了母亲,在他三岁时又失去了父亲,他没有机会享受到父爱和母爱的温暖,也不记得他母亲的样子。

　　阿勒库勒的伯父奥若扎里在料理完阿勒库勒父亲的后

事后,把他送到位于必茨伯克①市的孤儿院,他从此就和他的亲姐姐分离了。玛热亚大妈的成长之路也不是一帆风顺的,也是受了很多的委屈和艰辛才努力生活下来的。

为了能和自己的亲弟弟见面,玛热亚大妈当时四处打听阿勒库勒的下落。当终于知道了他在必茨伯克市的一家孤儿院里面后,她便卖掉了父母留下的一些项链手镯之类的首饰,当作路费去找弟弟。当然路上所遇到的困难也是非常多,这里就不作过多的描述,总之是费了九牛二虎之力才换来了与弟弟见上一面的机会。

阿勒库勒的童年时光是在孤儿院里度过的,之后有机会到伏龙芝市去完成他的学业,工作了之后和姐姐的见面次数也是屈指可数的。当时姐姐早已结婚,需要去照顾自己的家庭,而且阿勒库勒身体也或多或少出现了一些问题,加上新书出版需要去很多不一样的地方,这些因素也就理所当然地挤掉了姐弟俩见面的时间。

1950 年,阿勒库勒去世的噩耗传到了玛热亚大妈的所在地阿尔帕铁克提尔。这个消息对于玛热亚大妈犹如当头一棒,让她不知所措。她带着自己的爱人切热克连夜赶到了伏龙芝市,但他们赶到的时候阿勒库勒的葬礼已经结束快三天了,就像是命运时常开的玩笑一样,玛热亚大妈也就永远失

---

① 必茨伯克:俄国人 1878 年至 1926 年之间对比什凯克市的称呼。——译者注

去了最后看一眼自己弟弟的机会。

因为阿勒库勒生前的嘱托，他的蓝色"胜利"牌汽车给了姐姐，听说这个车子在阿尔帕铁克提尔和凯给提中间来来回回跑了一年，之后因为没人看管就转让给了别人。

在玛热亚大妈家里挂着阿勒库勒的一张照片，她时常会坐在照片前面久久地思考一些事情，可能是回望自己的一生，也可能是想追忆那些仅存的自己和弟弟之间模糊的回忆，在这些记忆化为乌有之前，用力地去抓住它。

我在村里到处打听关于阿勒库勒的事情，希望能整合这些碎片，拼凑出一个完整的、真实的故事。村里人告诉我，关于阿勒库勒的消息，或许一个叫朱玛拜的人能帮助到我一些。我决定去拜访他。

我去了朱玛拜大伯的家里，见到了一位七十多岁的老人，他正在看着墙上贴着的一些电影海报若有所思。我们互相问好，我向他介绍我是一名作家，我来这里想收集一些有关阿勒库勒的故事，希望他能告诉我他印象当中的阿勒库勒是一个什么样的人。

朱玛拜大伯努力在脑海当中回忆关于诗人阿勒库勒的事情，并和我讲述了以下故事，我记录了下来。

当时朱玛拜大伯居住在阿勒库勒姐夫切热克家隔壁的牧业点，互相来往较为便利，同时他们也是有一丝血缘关系的亲戚。某一天，切热克对朱玛拜说："我看你女儿现在亭亭玉立,也到了谈婚论嫁的年纪,我有一个内弟叫阿勒库勒,和你女儿很般配,而且我们互相也是亲戚,如果他能成为你的女婿,我们可谓是亲上加亲了。"

就这样到了夏天,阿勒库勒也有机会到他姐夫家里小住了一段时间。他那时就已经生病了,一旦有空就到没人打扰的溪水旁,整天听着流水声看书。

有一天,朱玛拜大伯请切热克和阿勒库勒到家里吃饭,当然,这顿饭的意义远不止这些,其实是朱玛拜大伯想要见一见自己未来的女婿。去之前,切热克也和内弟旁敲侧击交代了事情的来龙去脉。不知道是年轻诗人不怎么俊俏的外表、腼腆憨厚的个性,还是朴素的穿着,或者可能是别的什么因素,这个事情竟然戛然而止了。

之后切热克再也没有和朱玛拜大伯提到过有关让两个年轻人结婚的事情,此后,很长一段时间朱玛拜大伯也没再看见过阿勒库勒。

我去阿尔帕铁克提尔时是冬天,天气比较寒冷,很少有人外出,我一个人沿着被白雪覆盖的马路孤独地走着。路上偶尔会遇到一些人开着拖拉机给土地施肥,在这种无人打扰的氛围下,我想起了与朱玛拜大伯告别时他和我说的一些话。

他说:"你从大老远跑到这里来就只是听这些只言片语吗?"

我说："是的。"

他接着说："我年纪大了,有一些事情我可能理解得和你们不一样。"他若有所思地上下打量我一番说道:"你说自称作家的这些人,他们是最会玩弄文字的人,能说出我们一般人想不起来的话语。既然你也是一个作家,大冬天的与其跑到这里来受苦,不如坐在暖乎乎的家里,挥动你的笔,写一些阿勒库勒这么做了,或者这么说了,这不挺好的吗?就算你按照自己的想法编造一些内容,谁知道真假呢?谁又会怪你呢?"

我说:"是因为这是对我们做的这个工作、对读我们写的文字的读者的尊重。"我知道,就算我说得再多,也没法让老爷子完全地理解,所以就礼貌地道别了。

之后我听说朱玛拜大伯和邻里分享了我的故事,他说道"前几日来了一个自称作家的城里人,到这里来打听阿勒库勒的消息,问我你知道吗,我说,知道,他就缠着我让我说一些知道的事情。我就和他说,之前我在切热克家里看到过这个娃娃,没想到后来成了一个诗人。他拿着一个本子记下来了,要我说这些作家可真有点傻,大老远跑到这里只为了一两句话。"

在这种空旷无人的路上行走,你不免思绪纷纷,想到自己,想到诗人阿勒库勒,想到朱玛拜大伯……

就像朱玛拜大伯所言,写作这件事情对每个人的意义不同,有些人确实能在温暖的房屋里面进行创作,也有的人像我一样会走很多的路寻找一些灵感。文字创作并不是一件易事,如果你是一位作家,想要留下一部真诚的作品,往往付出的精力和时间会很多,就犹如蚂蚁筑巢,你会一步一步地慢慢耕耘,前路任重而道远。

以我们熟悉的诗人阿勒库勒为例,为了能找到一句最恰当的话,会在成千上万句语句当中探索最美的那一句,而想找到这些句子常常十分不易。他一辈子追寻自己内心的火花,笔尖无数次地在煤油灯下的白纸上划过,组成了诗人短暂而璀璨的一生。

他有着对世界孩童般的好奇心,以及对于世界上存在的美的感受能力,这种美来自大自然,来自具体的人,他出于本能一般能抓住一个又一个美的瞬间并加以诠释。这一切能让我们深入诗人的内心世界,和他一起共鸣,和他一起看见和感受那些我们曾忽略的生活的美好。

正因为这种美的存在,和阿勒库勒这样的人存在我们的身边,我们就更加想尽可能了解他,了解他是什么样的人,了解他的喜怒哀乐、他喜欢做什么、他的言谈举止、他的笑声是什么样子的。正因为如此,我们才不停地向别人打听他的消息。你会充满想象:会不会有人知道一些我所不知道的信息? 我们不辞辛苦地走向一个个远方,叩开一扇又一扇陌生人的门。他们可能很惊讶你的所作所为,可能不理解你为什么这么折腾,但你还是会坚持去收集这些只言片语,会希望在你的努力下为读者们还原一个有血有肉的真实的阿勒库勒,在这过程中你所遇到的困难,最终都会成为美好的经历。

有时我们怀念一个人可能会借助照片、影像、他的只言片语。画家能以他的画作保存这段记忆,而作家能以文字去描绘这段故事和人,能让我们从文字中了解一个素未谋面的朋友,与此同时,也能更好地了解自己的内心世界。

　　故乡的风，故乡的土地，总是能给人带来滋养。阿勒库勒生病期间也曾多次回到故乡来疗养身心。他拜访了许多医生，我了解到有一位曾帮助过阿勒库勒的医生叫朱丽娜·米哈伊洛夫娜。我准备去拜访这位医生，希望能从她那里了解阿勒库勒当时的状态。

　　我来到了青年近卫军大街，这里是一家疗养院。朱丽娜医生在这里为求医者提供帮助。疗养院周围有许多花草，还有几栋五颜六色的三、四层房屋，明亮的色彩不免让人心情愉悦。

　　为了找到医生的办公室，我问了楼下晒太阳的老奶奶们。她们告诉我她大概在四楼一间窗户敞开的房间里。我赶快走向那里。

　　医生的办公室宽敞明亮，给人一种温馨的感觉。值班护士带我到朱丽娜医生身边，那是我第一次见到她。她是一位身材微胖、谈吐温和大方、头发花白的慈祥老奶奶。

　　照例，朱丽娜医生请我坐在对面椅子上，就像询问病人的病情一样温柔地问我的情况。医生自己有点气喘。我告诉朱丽娜医生,我来这里是想了解她治疗阿勒库勒时的情况。

因为那时肺结核在吉尔吉斯很流行,为了对抗这种疾病,朱丽娜和弗兰克·列夫·阿布拉莫维奇、马利诺夫斯基等医生组成了医疗小组,专门负责肺结核的治疗和预防工作。尽管她现在已经退休,却依然有热情、有医德,所以仍然到养老院来贡献自己的力量,尽管她自己的健康状况每况愈下。

我是如何找到朱丽娜医生的?当我阅读阿勒库勒留下的笔记时,1947 年的一篇笔记引起我的注意。其中记录了诗人接受治疗的经过,也详细记录了朱丽娜医生的地址和电话号码。于是便有了这次谈话。

朱丽娜医生告诉我,她手头目前还保留着诗人在莫斯科出版的一本书。她在堆积如山的书籍中翻找一番,同时身体也在不停晃动。于是我阻止了医生寻找这本书,希望她能休息一阵。我也告诉她,我已经阅读过这本书了。

我了解了许多朱丽娜医生和诗人阿勒库勒的事迹。

朱丽娜医生说:"1942 年,我作为援助医生来到吉尔吉斯。当时医疗条件相当差,我们小组成员也很少。在这种情况下,我们每天需要完成大量工作。那时正值苏联卫国战争(第二次世界大战)时期,我们不但要照顾当地生病的居民,还要照顾受伤的士兵。您可以想象我们当时的工作量有多大。

"因为我负责肺结核的治疗工作,当时许多的吉尔吉斯年轻作曲家、作家来我这里接受治疗,阿勒库勒就是其中之一。阿勒库勒患上了肺结核,我检查出来时已经是晚期了,肺部已经开始有一些小洞,咳嗽起来看着令人心疼。

"那时根本找不到我们现在可以轻易获得的强力抗生素等药物,但我们仍尽最大努力进行治疗。阿勒库勒总是非常配合我们,会严格按照医生的要求执行。

"也许阿勒库勒已经预感到自己无法完全治愈,有时会脱口而出地对我说:'朱丽娜,如果我能再活几天,我还可以写更多的东西。'我也总是安慰他:'以您的精神,您一定能战胜疾病,会好起来的。'

"说实话,他是那种无时无刻不在与死神较量的人。阿勒库勒的人格、精神世界和天赋令我叹为观止。他写出的美妙诗歌,也令我肃然起敬。

"随着阿勒库勒的病情逐渐加重,他只能待在家中了。每当我去拜访他时,基本上都能看见他趴在书写台前写着什么。即便只能躺在床上,周围也能看见许多纸张。为了写作而克服身体的痛苦,这种韧性不免令人敬佩。

"我至今仍记得他告诉我,他正在翻译普希金和莎士比亚的作品,这是一项极为庞大的工作,尤其是对阿勒库勒这种有病在身的人来说。他经常说，他想去伊塞克湖，对他来说，伊塞克湖像一位母亲，每当看到伊塞克湖碧蓝的水，所有烦恼和痛苦都会消散。

"神奇的是，每当他去伊塞克湖回来后，我都感觉他的咳嗽减轻了，脸上也有了血色。可以说，在某种程度上，正因为有伊塞克湖的存在，诗人才能在人世间多活几天，即使他已经没有力气，即使你再怎么劝他，他也会去看伊塞克湖。

"有一次，在从伊塞克湖回来的路上，一阵猛烈咳嗽使他的病情加重了。那时正值冬天，傍晚时分，一个孩子突然跑到我家，说阿勒库勒的状况非常糟糕，面色苍白。我去看望他，的确很糟糕。他艰难地举起双手，把在莫斯科出版的那本书送给了我。

"不久之后，诗人阿勒库勒永远闭上了双眼。我没有任何能力将他从死神手中带回，我也永远失去了这位朋友。"

从朱丽娜医生那里出来，外面在下雨，但很快停了。树叶和马路变得明亮而有光泽，我闻到泥土和青草的气息，这让我心情舒畅。走在路上，我想到朱丽娜医生说的"阿勒库勒已经预感到自己无法完全治愈"这句话，不免陷入深思。

诗人每写完一首诗就必定会坚持在后面写上时间、日期和地点，是为了让后人更好地记住自己吗？还是为了更好地对照自己早期和后期的写作？我认为事情不那么简单。诗人知道自己即将离开这个世界，所以每写完一首诗就表明今天还掌握在自己手中。这些明确写上日期的诗歌表明了诗人在生前对生命的热爱,更是表明了其对每一刻每一秒的珍视。

归根结底,即使死神始终围绕左右,他也从未害怕过死亡。什么样的人会害怕死亡? 是那些平日里不珍视自己时光、随意挥霍和浪费的人,是那些无法感受生命的分量、从未真正活过的人。当这些人面对死神时,意识到自己失去了弥补的机会,便会心惊胆战。

然而,诗人阿勒库勒是一个勇敢的人。他热爱生命,内心纯净。也许他的生命不够长,但生命的深度和广度足够宽广。这样的人哪里还会害怕死亡?

我们每个人的生命或长或短,如何在一生中获得满足和幸福是我们每个人的人生课题。如果能像阿勒库勒那样,把生命献给自己热爱的事业,尽力去爱身边的人和事物,留下一些对他人有价值的东西,那么对只能经历一次的生命,这就是最好的纪念。

当然,我们每个人都有自己的生命经历。我只是希望通过阿勒库勒和朱丽娜医生的故事,可以让大家思考生命,珍视现在,热爱生活。

1955 年秋天,伏龙芝机场的很多人望向这二十来人,这些穿着医院白大褂的男女在把一个身材高瘦、留着胡子的人送往莫斯科。

排队的时候,列夫·阿布拉莫维奇的学生唠叨着:"要平安到达,好好治病回来啊。"列夫·阿布拉莫维奇虽然眼中含着泪水,但仍强装镇定地安慰着众人。

不知是饱含了多少愿望,列夫·阿布拉莫维奇双膝跪地,深情亲吻草坪,向虚空朝拜起来。

"亲爱的故乡啊! 就算死亡,我也多么希望埋葬在自己家乡的土壤当中!"列夫·阿布拉莫维奇流着泪反复说道,"我多么希望我再次见到故乡的土壤啊……"

尊敬的读者,列夫·阿布拉莫维奇在机场的所作所为不是我编出来的,而是真实的事情。向大地跪拜,亲吻故土的这位是在普热瓦尔斯基长大的医学副博士、副教授,今年五十四岁的他,是吉尔吉斯的"贡献医士"阿布拉莫维奇。

他患有肺结核,专门出发前往莫斯科找寻可以医治病情的方法。

列夫·阿布拉莫维奇在 1942 年撰写了吉尔吉斯第一篇关于肺结核病的学位论文,并顺利通过答辩。他写有三十四篇关于肺结核病的科学论文,开创了新的治疗方法,同时,也是研究室主任,对自己做过手术,是与肺结核病奋力拼搏的伟人。列夫·阿布拉莫维奇虽然在论文当中使用学术术语(包括德语和英语),但是他没有运用大量专业术语,并在 1954 年的《治疗气胸》这一论文中发表了通俗易懂、和人们生活息息相关的建设性意见,写了他如何认识肺结核病又是如何去面对它、然后战胜它的经历。想起在当时没有先进的医疗方法和医疗经验的情况下,阿布拉莫维奇他们为人民的无私奉献,我们应永远向他们致敬。他们犹如为人类盗火的普罗米修斯一样伟大!

列夫·阿布拉莫维奇从来没有伤过他人的心,他谦虚谨慎,温和善良。但是,对不听医生叮嘱的患者却会立马发脾气,不过很快就会消气。

他热爱文学艺术,用文学的魅力来给他人排忧解难。毅力很强的他不顾肉体的伤痛抒情地演讲,每日在医院,偶尔也去剧院看剧,他会抒情朗读剧本,又会背诵名言名句。

阿布拉莫维奇和阿勒库勒·奥斯莫诺夫是在战争结束后认识的,之后的日子里他们情同手足。当时,列夫·阿布拉莫维奇在医学院教研室当主任,在保养身体方面给阿勒库勒提了很多建议。诗人尊重这位杰出的医师,按他的嘱咐去做。阿勒库勒·奥斯莫诺夫去世后阿布拉莫维奇颓废伤心的事,我也是从当时在医学院就读的学生那里听说的。当时的情况是这样的:

阿布拉莫维奇是一位开朗活泼、慷慨激昂的人。在1950年冬天的一天,平常健步如飞、脸上带着笑容进入教室的医师,那天跟以往不一样,失魂落魄地走进了教室。同学们从未见过老师这般模样,都鸦雀无声。列夫·阿布拉莫维奇走上讲台,从挎包里拿出人的肺部底片向同学们展示,底片上的肋骨、心脏在 X 光透视下清晰可见。

阿布拉莫维奇对同学们沉重地说这是阿勒库勒的肺部底片,告知所有人他昨日已去世的消息。说完这句话,阿布拉莫维奇再也抑制不住心中的情绪,潸然泪下。

学生们都不知如何安慰他。过了一会儿,有一位学生拿过挎包上面的底片,读了一下上面阿勒库勒·奥斯莫诺夫的字样,把底片对向了阳光。上面可见斑斑黑点……

阿布拉莫维奇作为医师奋斗终生,最终在 1957 年因肺部疾病久治不愈去世。最终应医师遗愿葬在了他的故乡普热瓦尔斯基。

　　生活在坐落于楚河州索斯诺夫卡村的婆婆阿依勒奇·
居素迫娃最近于她八十三岁时过世了。她生前对阿勒库勒
有这样的回忆：

　　"1949 年的冬天，没有在城市里找到房子，我带着儿子
还有儿媳妇，在城市郊区的一个叫奥斯莫诺夫的房东的破旧
老屋里寻求庇护。我的儿子阿布德加帕尔从事着有关书籍
出版的工作，是单位帮忙寻的房子。儿子还有儿媳妇外出工
作的时候家里就只剩下我了。在新的城市，我不认识路，语
言也不通，又没有认识的人家，作为一个老人，这种情况对我
来说颇为困难。空闲时候我能解闷的只有院子里阿勒库勒
的房子和我自己的房子。经过打听，我得知了阿勒库勒是位
小伙子，或许是生活艰难，在破旧的房子里看上去显得格外
老态可怜。在寒冷的天气他整日窝在屋里足不出户，在天气
温暖的日子起得比院子里的公鸡还要早，在院里的小道上来
回踱步，当太阳升起时又回到屋里去，每当我路过都能从窗
户看到他看书的样子。他还有睡午觉的习惯，睡完又回到桌

前播放收音机,从下午到夜晚的时间都花在收音机上。在半夜的时候会搬出小板凳坐在门前,不管咳嗽咳得多厉害,眼睛还是不会离开手中的本子,有时还能坐到清晨天微微亮的时候。

"我们家生活在这个院子里的那段时间,除了偶尔会有人来访,没看见有人跟他经常来往。只有住在同一条街的俄罗斯大妈会准时为他烧火做饭。

"白天,我儿子和儿媳妇去上班。那个时候阿勒库勒会来到家里或者我去到他家里,他也可能是无聊,会问我过去的生活,我绣的花毯、坐垫,甚至绣花的纹路都会问我一遍。或许他对这些感兴趣吧。我们聊天的时间很多,据他所说,他从小失去父母,在不久之后又患上了疾病,也拥有过婚姻,可能是疾病的原因没有走到最后,其中的细节他没有给我说,我也没有刨根问底。在时机成熟的时候我对他说:'你可以再婚,有那么多的姑娘,你的病会好起来的。'阿勒库勒回答我:'等我从病痛中解脱后再娶媳妇。现在带着一身病痛,如果去结婚那也是连累人家。'他说得也不无道理。他也为治病做出了很多努力,听说熊油有效果,他高价购买,每天早晚喝一次。他非常谨慎,在我们家吃饭的时候,他都会自备碗筷,在吃肉喝汤时也会让我把肉和汤盛到他的碗里,不会跟我们同碗吃食。吃完饭后的残渣他也会倒到他带过来的袋子里,不要让他的病痛伤害到我们。他还经常教育孩子们：'你们还很年轻，要注意防护，病痛都是寻找马虎大意不讲卫生之人。'不管是之前还是之后，我也遇到过许许多多的身患传染疾病的人，从来没有见过一位如阿勒库勒一样保护他人、做好防护的患者。

"偶尔家里缺钱的时候我会找阿勒库勒借钱，他也从不吝啬，还会大方地说需要的时候随时找他。可以说是成了我孩子们新的支柱。儿媳妇也常常感动道：'他从不锁家门，对我说钱都在抽屉里面，如果急需时随时取用。'

"阿勒库勒家大堂里有一个从房间这头到另一头的巨大饭桌，还有一圈十六个凳子来着，我满心疑惑，他身患疾病，没有能力招待那么多的客人，但为什么弄出这么一个招待客人的房间呢？如果他身体健康，肯定会把房子弄成大餐厅的。如果我没有记错的话，在春天快要来临时，我们停止了在房里生火取暖，当时阿勒库勒叫来木匠师傅在房子里做巨大的衣柜，木匠师傅每天都会过来在他家里做工。

"有一天，俄罗斯大妈送饭过来开不了阿勒库勒的房门，在那里急得团团转。阿勒库勒没有开门，房里也没有任何动静，就在昨晚我还看到他亮着夜灯，坐在桌前看书来着。想到这儿，我也跟大妈一起敲打着阿勒库勒家的窗户，没有任何回应。碰巧木匠师傅也过来了，他撬开了窗户，我们翻进去一看，阿勒库勒双眼无神呆呆地躺在床上，下不来床也说不了话，病情很严重，手脚冰凉。我赶紧来回搓着他的手脚，又烧热水给他喝,过了好久他才缓过神来,看他的模样我急忙叫来儿媳用温水给他洗手洗脚,当时阿勒库勒对我说:'我感激您!'我们决定叫来医生。医生过来看了一会儿后把他带走了。他在医院住了很长时间,盛夏时才回到家里,之后前往疗养地,差不多在秋季回来。还没等到他回来,我们就在城里找到了新的房子搬走了,听别人说,我们之前住的房子被卖了出去。从此之后再也没有见过他,过了将近一年,我听到了阿勒库勒过世的噩耗。唉,多么好的一个小伙子呀……"

　　人们回忆起阿勒库勒时，都说他酷爱音乐。睡觉前，收音机的音乐从未停止过。这确实如此，在孤独的生活中，音乐就像诗人手中的笔，成为他的慰藉和消遣。平日里，他常常哼唱着自己随意编出的曲调——那些与任何歌曲或唱段都不对应，却使阿勒库勒热泪盈眶的旋律。还有谁记得阿勒库勒视音乐如生命，一听就难忘的模样？就算是别的再大的世界也难以替代他对音乐的热爱！在这世上，照亮他、温暖他、鼓励他、慰藉他的，不是还是他的音乐吗？

　　阿勒库勒精通吉尔吉斯民族音乐及其历史。1936 年，音乐研究学家扎塔耶维奇去世，阿勒库勒在笔记本上用拉丁文写下这样的话："扎塔耶维奇是为吉尔吉斯音乐收集整理做出重大贡献的伟人。"

　　在阿勒库勒的笔记中，经常可以看到世界级音乐家的名字，比如贝多芬、莫扎特、肖邦、柏辽兹、格林卡、柴可夫斯基等；也记录着这些伟人的著名乐段和关于人生的名言警语；偶尔还贴着一些不知名音乐家的照片，以及阿勒库勒关于音乐的一些诗歌。

阿勒库勒不仅喜爱作曲家们的心灵音乐,他还寻找大自然美妙的声音,试图聆听大自然的音乐。他追求把伟大的自然融入自己的心灵和语言之中。

　　阿勒库勒的故乡喀英德是一座坐落在一条马路两旁的有着白色房屋的村落。村民对阿勒库勒·奥斯莫诺夫所知甚少，诗人的名声就像回声一样，从外界传回了他的故乡。

　　诗人献给故乡的诗歌不多。每个人的故乡在其心中都是圣地，故乡鸟儿的鸣叫与河水都格外动听与清澈，故乡的树林也从不会让人迷路。虽然阿勒库勒知道这些，但他在故乡度过的童年时间很少，他只依稀记得故乡的鸟儿成群飞过的美景，他很少在溪水旁玩耍，也没有追逐过蝴蝶。由于童年大约是在城里度过的，他常常在作品中遗憾没能好好感受故乡的美。他只能用手中的笔书写思念，却无法像候鸟一样再次飞回那里。他只记得遥远童年中追逐着驶向夕阳的火车。

　　阿勒库勒不仅思念故乡，也思念故乡的朋友和知己。在诗作《摘瓜》中，如"多希望阿克苏的大伯过来做客""多希望美丽的姐姐过来做客"的诗句表达了对远方亲人的思念，最终大伯和姐姐也如作者所愿而到来。

在村落的尽头有一位名叫大胡子夏尔先拜的老人。夏尔先拜老人犹如照片中的意大利作家一般：头发稀少，拥有白雪一样的大胡子，眼神锐利，年近八十。在村史方面，没有人比他更精通。从五湖四海逃难来的十八户贫穷家庭的故事、苏联政府成立时的迷茫时期、20 世纪 30 年代劳动组合的组建、自己成为翻地组组长的经历（虽然自己不识字但能管理众人）、从大河引水挖水渠、与旧社会统治阶级斗争的事迹，他都能从头到尾讲得清清楚楚。

夏尔先拜老人没有见过童年时期的阿勒库勒，有可能见过但没有留在老人的记忆中，也不认识阿勒库勒的父亲奥斯曼。也许苏联时期的苦难占据了当代人的记忆。他回忆起 30 年代，在他的提议下，奥斯曼的同胞兄弟奥若扎里从阿克素搬到了喀英德。当阿勒库勒逐渐出名时，夏尔先拜老人开始称阿勒库勒为"弟弟"，并常挂在嘴边。夏尔先拜老人记得阿勒库勒去世前曾在奥若扎里家喝马奶养生两个月的事。除此之外，夏尔先拜老人没有见过阿勒库勒。阿勒库勒病情严重时，瑟尔哈大娘和她的儿子一起去伏龙芝市照看阿勒库勒。

奥若扎里十分担忧阿勒库勒。我询问奥若扎里的夫人斯木巴特关于她侄子的事迹，她说诗人的回忆录可以在卡普塔勒中学找到。在学校前有专门的一角是为阿勒库勒留的，其中存放了诗人生前使用的餐具、桌子、书籍和常不离身的名叫"乌拉尔-47"的收音机。

那么,让我们来翻开村民们关于阿勒库勒的回忆,读读与奥若扎里的夫人在 1971 年 10 月 13 日的谈话录。

> ……奥若扎里把阿勒库勒转给孤儿院……为了学习,阿勒库勒来到首都伏龙芝市。在学习期间,他结婚了,不久阿勒库勒有了一个女儿。但是十五天后,女儿不幸去世,阿勒库勒自己也感染了肺炎。他中断学业前往奥什①市的疗养院养病,在这期间,他的妻子带走家里的全部东西,和他离了婚。

我知道,唯一知道阿勒库勒事迹的伯母有些夸张和虚言。我敬爱的读者,我希望你也不会轻信这些话。

在喀英德村里,还有谁会比她更了解阿勒库勒呢?

---

① 奥什:今吉尔吉斯斯坦第二大城市。——译者注

对阿勒库勒非常熟悉，或多或少了解他的人之一是波洛特别克·斯德尕列夫。他是瑟尔哈唯一的孩子，家在喀英德村。20 世纪 50 年代初，母亲和他一起搬到了在伏龙芝市的阿勒库勒家。

他们在这里生活了六年，之后在 1956 年左右又回到了村里。关于阿勒库勒的这位表弟，邻居以及其他曾与他相识的作家和老乡等都有所闻。

"我妈妈去世有五年了。"波洛特别克答道。

"多大年纪?"

"当时去世的时候有几岁?"波洛特别克转向妻子问道，"大概是七十八岁吧?"

"不是,六十八岁,怎么这么轻易就忘记了?!"抱着小孩的女人说道。

波洛特别克是个头发稍微泛白、四十出头的有红润肤色的中年男子。年轻的时候,他曾在工厂里工作,甚至被工厂官方报纸《突击手》采访过。目前,他是诗人的唯一继承者。

"表哥一般不会经常跟我谈话,很多时候,他都会待在他那个朝阳的卧室里,伏案读书写作。他因为担心肺结核传染,所以也不允许我们进入他的卧室,也不让碰他的书籍等物品。有时候,他会说'把这封信送给某人,他会回信'。"波洛特别克想起关于他表哥的种种回忆,和我们分享着,"他喜欢丁香花,他说透过窗户能闻到一种独特的香味,并让我们把此花种植在他的窗下。"

表哥病情愈发严重的时候,"当母亲哭泣时,我记得表哥说道'你们不会无依无靠'"。阿勒库勒在生命的最后阶段里一直都待在大堂,他会静静地望着日出、日落。"他从伊塞克湖回来以后就永远地离开了我们"。

波洛特别克说着说着,最后回忆了当阿勒库勒失去意识的时候,他如何跑去找一直照顾和治疗他的医生布利乌姆基纳。他还提到了阿勒库勒去世时的一些细节。

阿勒库勒去世后,他的遗产有房子和车。现在,诗人的家里,有瑟尔哈大娘和其儿子波洛特别克。此外,还有不常联系的亲姐姐玛热亚,她也不想眼睁睁地看着弟弟的财产分割给他人。因此,不常来往的亲戚们甚至在诗人还未安葬之前就财产分割事宜争吵,并往返于法庭之间。

瑟尔哈一再强调自己养育照顾了阿勒库勒很多年。没人反驳她的话,但实际上,瑟尔哈到阿勒库勒身边照顾他也就才七八个月。玛热亚很高兴地获得了蓝色"胜利"牌轿车,瑟尔哈分到了房子和阿勒库勒后续的稿费等。

波洛特别克在 1951 年间零零碎碎写的一些诗句也散落在阿勒库勒的手抄本之中，或许波洛特别克曾在年轻的时候幻想过有朝一日也成为一个诗人。

"你还记得阿勒库勒的最后一句话吗？"

"'打开窗户'，"波洛特别克说道，"当时我们已打开了门和窗户。"

告别之际，波洛特别克给我看了阿勒库勒的诗集《爱情》和两三幅照片。阿勒库勒的其他一些照片、收音机甚至部分厨具作为纪念品被村里的一些学生借去了。

波洛特别克表示会好好保存阿勒库勒的遗物，阿勒库勒暂未掉色的铁床搁在院子里，仍然完好无损的箱子在大堂。

阿勒库勒没有把自己的私人生活、个人成就和个人秘密跟自己的亲戚分享，而是把这些融入了自己的诗歌之中，分享给了广大的读者。

　　阿勒库勒·奥斯莫诺夫在伏龙芝的房子里度过了短暂却又充实的一生。如今此地也没有对此大肆宣传或者提示明显与之相关的标语或记录，它看起来只不过是众多普通房屋中的一个。

　　阿勒库勒跟多个民族的人做了邻居，一起陪伴彼此的喜怒哀乐。诗人慷慨的心灵和温暖的家时刻向来自不同民族的人敞开着。诗人拥有了俄罗斯、乌克兰、阿塞拜疆、保加尔等不同民族的难能可贵的友人，尤其受到了来自俄罗斯族人的爱戴，怎能忘记在孩童时期的教师格鲁尼亚·萨维尔夫纳给予的母亲般的温暖、大夫布利乌姆基纳和弗兰克的关心、在家里做饭的老太太坦尼娅的细心照顾。诗人的包容心很强。"去有所住，归则有家，吉尔吉斯、哈萨克、俄罗斯民皆吾母也。"诗人写道。除此之外，诗人还写过许多对俄罗斯族人的大智大勇、宾至如归、深情厚谊的感激之词。

　　虽然在此古旧的房子里度过了充满忧愁且与病魔战斗的短暂一生，他却给后人留下了珍贵的诗歌。

第五章　前辈老师们

我想了又想,想到跃入了思想的深渊,

不知疲倦地向普希金和肖塔取经问道,

他们也从不拒绝我,

他们自己的智慧指挥我。

——阿勒库勒·奥斯莫诺夫

　　阿勒库勒·奥斯莫诺夫刚开始进入诗歌世界的时候,并没有一位较为成熟的、能够教育他诗歌审美的、传授他智慧的人成为他的老师为他授业解惑,因为即使一个人天赋异禀,也需要一位先行者为他授业解惑,教他明辨是非,在创作的道路上为他指引方向,对他认真负责。而这种孤儿般的无依无靠的感觉,几乎每个刚入行的吉尔吉斯作家和诗人都经历过。他们并没有在诗歌的宏伟世界里迷失自己、迷失方向,而是砥砺前行、风雨无阻地找到了属于自己的路,并且不断努力一往无前,在现代文学的道路上用自己的实践开了先河。因此现代的后辈们在进入文学领域时能够轻而易举地发挥自己的天赋,我们在享受诗歌的美妙时也要记住,这是几代人靠自己一点点地摸索、不断完善出来的东西。

　　阿勒库勒·奥斯莫诺夫有些自认的前辈老师,这些人是他一生都欣赏并学习的。

　　普希金　阿勒库勒·奥斯莫诺夫在孤儿院时曾学过俄语,因此,他很早就接触了俄语文学和世界文学。在成长过程中经过别人推荐抑或自行探索,他很早就接触到了普希金,他在《我的写作经历》中写到他曾经翻译了普希金的《冬晚》,此后诗人和普希金的精神世界便紧紧相连了,普希金的诗句伴随他一生。阿勒库勒在 1937 年的日记里写道:"今早起来进行了体育锻炼,然后便坐下来想写一首关于普希金的诗。中午去做了关于普希金的研究报告,咳! 我这个人就是嘴笨,感觉没有做好表达。晚上看着中午糟糕的研究报告又写了一首关于普希金的诗。"

　　阿勒库勒对普希金极为欣赏,不只是把他作为自己诗歌方面要达到的目标,更是当成自己的精神支柱、人生路上的导师。阿勒库勒对普希金的喜爱之情太过深刻,因此,在二十二岁时即翻译了韦列萨耶夫的《普希金的一生》。书中有以下关于这位俄罗斯伟大诗人的词句:"诗句就像是普希金能梦到的一般,他甚至可以跳起床来写诗,无论白天黑夜都可以提笔而写。倘若诗歌未能完全表达思想，他就以白话补充，然后反复查反复修改，反反复复至死方休。反正普希金在自己的创作上用了很多时间。如果你能看到他的草稿纸，你会发现那些诗句是堆叠在一起的，一首覆盖在一首上面的诗歌，改了又改的诗词。"

　　这些也同样适用于阿勒库勒自己，他也经历过在草稿本上一首复一首地写诗，经历过反反复复修改诗词。他热爱普希金，他从普希金的诗词中找到了人生的方向。据他的朋友们回忆，在编辑部工作时，他甚至也像普希金一样在夜晚突然醒来，于月光下写诗。我们看到阿勒库勒的手稿本也如同普希金的一般错落有致，在诗歌完全未成形之前用白话文留下思想。在之后某段时间，阿勒库勒对除了写诗之外的一切事物失去了兴趣，彻夜写诗，诗词歌赋如同雨点般一个接着一个被创作出来，然后一个又被另一个覆盖、修改。

　　1937 年，阿勒库勒在普希金的纪念雕像前面感慨万千，写出了《你和我》，普希金在他的心里是伟大的，普希金的才华如同大自然的鸟语花香，如同永不停止的旋律，如同不知疲倦的骏马，因此他还写出了关于普希金的几句："你如同意外，你如同礼物一般""你就像洒在大地上的阳光，是我们困苦人生里的美妙，你的诗歌会被世人传颂"。

　　我们来看看藏在阿勒库勒戏剧手稿《阿克莫尔》里的最后一段（1944 年 3 月 13 日），他写了一整页的"普希金"和

"莱蒙托夫",只为了在写出他们的名字时能够和他们的亲笔签名无异。阿勒库勒甚至有一些笔记本的封面就是普希金的照片,而他很喜欢这种笔记本,以至于随身携带,里头写满了各种谚语和名言。

每每想到伟大的人生导师也把自己有限的生命尽数献给了诗歌,他总会有某种羞愧的感觉。1948 年,阿勒库勒完成了普希金的佳作《叶甫盖尼·奥涅金》的翻译,这是他对普希金表达敬意和欣赏的一种体现。

阿勒库勒·奥斯莫诺夫在他创作的戏剧剧本《阿布尔喀斯姆·詹波洛托夫》里以角色阿布尔喀斯姆之口表达了这样的思想:"我从小就对诗歌世界里其他人的才华有妒忌之心。因为很小就开始写诗,所以大多数的诗人和他们的佳作我都能如数家珍。因此,我最喜欢的事情就是找到其他诗人的缺点然后洋洋自得,但对普希金就不同。我有好多次想要蔑视他,把他视作如我一般的诗人,让他也沉在我的汪洋大海里,让我从此不再对他高看。但事实是,每当我试图将他沉到海底,他都会像永不沉没的物体一般浮到海面,直至最后发现我才是那个应该低头的人。"

1949 年,阿勒库勒在自己的戏剧剧本中以诗歌方式致敬普希金:"向您致敬,向您俯首称臣,因为您如同母亲一般用乳汁滋润着我一生都干渴的心灵",他以这种诗句肯定普希金对自己创作诗歌的引导作用。他也终生欣赏、阅读着普希金的诗句。

肖塔·鲁斯塔维利　阿勒库勒在二十四岁时翻译完成中世纪著名史诗《虎皮武士》，他衷心崇仰其作者肖塔·鲁斯塔维利。

1937 年，吉尔吉斯文化学术界也举办了鲁斯塔维利诞辰 750 周年纪念活动。当时阿勒库勒刚开始翻译鲁斯塔维利的作品，他翻译的片段时常在报纸上发表。那年，阿勒库勒自己创作诗歌《肖塔》，以表达对这位伟大诗人的怀念。

> 爱情——壮硕人的良药，美妙的配饰，
> 能够感知爱使人心旷神怡。
> 人生最美好的莫过于青春，
> 青春如果能有爱情便会发光。
> 真理和爱情终能打破牢笼，
> 他不会陈旧过期跨过时间长河。
> 因此就算过了七个世纪，
> 在真爱的长河里化作白鸥，

　　　　吉娜庆①依旧不知疲倦，

　　　　扇动翅膀沿河而上。②

　　阿勒库勒终生敬仰鲁斯塔维利细腻的感情和高超的写作技巧。鲁斯塔维利的作品中那些美好的爱情、勇气和友谊，深深打动着阿勒库勒。他一直说自己永远是鲁斯塔维利的学徒，因为自己无法创作出那样流传千古的作品。

　　阿勒库勒在日记和手稿中常摘抄鲁斯塔维利的话，并深深体会这些话的意义，时刻牢记在心。

　　阿勒库勒经过不懈努力，在 1940 年将鲁斯塔维利最著名的作品《虎皮武士》翻译成吉尔吉斯文，使用的是吉尔吉斯拉丁字母③，在喀山出版发行了 1090 册。翻开这本书，你会惊叹于阿勒库勒付出的巨大劳动。他像给古树浇水的园丁，用真心翻译这部作品，让更多人有机会读到这部伟大的著作，其中对爱情和生活的描述堪称绝妙。

　　阿勒库勒去世前一年，他重新修订了《序言》，使之更完整和完美。他是第一个让吉尔吉斯人认识鲁斯塔维利这位伟大诗人的人。如今有许多人手捧这部作品讨论里面的内容，这部作品的发行量也比以前高出一百倍。

---

　　①　吉娜庆:格鲁吉亚长篇叙事史诗《虎皮武士》中的女主角的名字，又音译为吉娜晶。——译者注

　　②　摘自《红色吉尔吉斯斯坦报》1937 年 12 月 26 日版。

　　③　注:吉尔吉斯拉丁字母是吉尔吉斯文在 1927 至 1941 年之间使用的字母，1941 年之后使用的是西里尔字母。

读过阿勒库勒翻译的《虎皮武士》,你会惊叹于语言的优美和从容,确信吉尔吉斯语充满感情,并且含义广阔。语言、情感和技巧,这三者缺一不可,方可构成佳作。阿勒库勒的付出令人惊叹。

阿勒库勒于 1948 年写的《吉尔吉斯语》一首诗中,有这样的诗句:

> 我珍贵的吉尔吉斯语常伴我身,
> 我用着它工作、交流及歌唱。
> 就算我热爱着其他语言,
> 但不会对它减少半分爱。

阿勒库勒的贡献让吉尔吉斯人看到自己的语言不是贫瘠的、匮乏的,而是流畅的、包罗万象的,吉尔吉斯语也可以表达这个世界上的美、情感和智慧。如果写得差,问题不在语言,而在作者本人。

《虎皮武士》给人力量,给人希望。

真正领悟此作价值的人日夜汲取其营养,有时梦见主人公阿夫坦季尔,希望能像他那样生活。人们欣赏此作表现出的华丽优美、富含哲理的感情,希望自己也能成为勇敢无畏、重情重义之人。有些小伙子还摘录其中描述爱情的句子送给心仪的姑娘。

《虎皮武士》令人入迷,你会被深深吸引,不希望它很快结束,总想继续读下去。阅读中,你会被作者优美的语言和对生命的深刻体悟所打动。主人公阿夫坦季尔浪漫而高尚的形象会让你向往,他对爱情的热忱追求和对国家的伟大牺牲会感动你的心灵。人物间令人感动的友谊,阿夫坦季尔和斡里之间纯情而执着的爱,会使你恋恋不舍。

它带你体会生命的真谛,遨游人性的深处,这种感觉太美妙,任何读者都不愿它褪去。这就是伟大作品的魅力——它让我们流连忘返,生生不息。

莱蒙托夫　莱蒙托夫石窟坐落在俄罗斯北高加索山脉的皮亚季戈尔斯克的高峰之巅，旁边矗立着一块大理石纪念碑，记录着这位诗人的决斗场所。这座山顶上的石窟外形破旧古朴，却蕴含着深厚的历史和文化内涵。

为了参观这处石窟，我沿着山上的指示牌逐渐攀爬。途中绿树成荫，偶有苹果树和其他植被。当我回首远眺，高山连绵，山顶积雪被阳光照得刺眼发亮，而山脚下是一幅乡村的宁静画卷，青烟渐起。经过一番努力，我终于来到了这座富有传奇色彩的石窟。此时，已经有许多世界各地来的游客围在这里。

石窟正中央竖立着莱蒙托夫的半身石膏像，像下刻着他的生平简介，供人阅读。一位导游正讲述着关于这位俄国诗人的故事，而游客们也都在互相交谈着，传来各种语言的片段，时不时有女士的笑语和相机的咔嚓声。如果仔细聆听，你会感觉自己正走在一个充满各种鸟鸣的繁林之中。

在这个诗人的最后归宿之地，参观者可以深刻感受到莱蒙托夫的生平、创作经历与人生命运,理解他为俄罗斯文学做出的贡献。这座古朴的石窟及其所在的山巅的景色,必定也对莱蒙托夫的创作有深远的影响与启发。站在这里,我们如同身临其境,深切地体会着这位俄国文学巨匠的灵感和艺术世界。这份参观的经历将成为我对莱蒙托夫和他的作品的一次深度体悟。

站在莱蒙托夫石窟面前,我不禁沉思起这位伟大俄国诗人的不幸命运。在这个山崖之巅,他生前曾多次来此寻找灵感,创作神秘而深邃的诗篇;也是在这片土地上,他最终赶赴一场荒唐的决斗,结束了自己年轻的生命。

在 1841 年 7 月 27 日的一个家庭晚宴上,创造了经典文学人物毕巧林的莱蒙托夫,由于一句玩笑话,让一位军校的同学马丁诺夫极为不悦,两人吵了起来。争吵过后,就在大家以为这是血气方刚的年轻人之间一次微不足道的摩擦而不以为意时,马丁诺夫却当着其他人的面,对莱蒙托夫提出了决斗。

当时的俄国,决斗被视为一种捍卫个人荣誉的行为,一言不合就"拔枪"互射的现象并不罕见,哪怕在俄国文坛上也时有发生。据说托尔斯泰也曾与屠格涅夫发生争吵,而向后者提出决斗。好在事关两位文坛巨匠的决斗并未发生,否则文学历史将会被改写。

到了约定的决斗日子,莱蒙托夫不以为然地赴约,他认为对方不会因为几句话就"来真的",所以也没太当回事,不打算向同学开枪。公证人宣布决斗开始,双方按照规定逐渐向彼此走近,奇怪的是莱蒙托夫迟迟不瞄准对手,眼看马丁诺夫已经对准了自己,他还是无动于衷地把枪口朝向天空。雨越下越大,时间仿佛停止了,又仿佛随着雨水不断流逝,马丁诺夫不知道莱蒙托夫在想什么,索性扣动扳机。枪响了,莱蒙托夫倒在了血泊中,这个文学天才在二十七岁的年纪里死于决斗的枪口下。

当我凝视着石窟中莱蒙托夫沉郁的石膏像时,我似乎看到这位天才诗人在墓前默默诵读自己的著作,其中一定不乏反映生命短暂和荣誉无常的悲哀诗句。圣人不可怜,但还是让人不禁为他未完成的作品,以及未免煎熬的人生感到一丝惋惜。这个山顶仿佛是莱蒙托夫作品中俄罗斯大地的一个缩影,在这里我们可以更清楚地理解他那浪漫而又忧伤的灵魂。

我站在石窟前面回顾了诗人莱蒙托夫的一生,那些和我一起来观看这座石窟的游客,也准备各自回家了。有些人甚至流下了眼泪,可能是诗人留下的文字深深地触动了这些人的灵魂,这一幕让人十分感动。

不管是莱蒙托夫的创作也好,还是短暂的一生也好,都让我联想到了阿勒库勒。阿勒库勒从小受普希金和莱蒙托夫的影响,二十二岁时开始翻译莱蒙托夫的诗歌和短文。关于这些,阿勒库勒在 1935 年到 1937 年的日记中也明确提到了。

　　阿勒库勒 1937 年的日记里有提到：我很高兴遇到莱蒙托夫，他让我大为震撼，也思考了很多关于自己写作生涯的事情。

　　如果你翻开阿勒库勒留下的手稿就会发现，他能熟练背诵一些莱蒙托夫的诗歌，并对这些诗歌给予很高的评价，不难看出诗人一生都深爱着莱蒙托夫。

　　阿勒库勒有个破旧的红色提包，里面应有尽有：有他的一些手稿，有很多证明文件之类的，还有一个小盒子，里面保存着他女儿吉帕尔的头发、奶嘴，等等。

　　我突然想到了阿勒库勒曾经翻译成吉尔吉斯语的莱蒙托夫的两句诗：

　　　　暖风拂面，月光浸心。

　　　　云层里的月儿，梦境里的人。

　　也许当莱蒙托夫中枪倒在地上的时候，他才发现自己是多么地留恋温柔的夜晚、月光和当下的一切……

第六章　诗人的财富

财富滚滚如来潮，
得失不以物喜忧。

——阿勒库勒·奥斯莫诺夫

　　诗人真正的财富不是外在之物，而是诗人留下的一部部作品。

　　眼下，阿勒库勒的作品拥有精美的装帧，井然有序地摆放在图书馆的书架上。一旦你翻开其中的一本，你便会为诗人丰富的内心世界和精美的诗句所惊讶。如果你再翻看他的手稿，可能会找到更多丰富的内容——包括他与朋友来往的书信、自己受触动而写下的作品的摘抄，甚至是某个女孩子因深情爱慕他而写的情书。

　　我开始思考，我们是否真的完整地保存了阿勒库勒所留下的精神财富。他并不因为自己具备天赋而高高在上地批判别人，同样也不会因为自己没有足够的物质财富而感到自卑。

　　据我所知，阿勒库勒曾经将很多没有达到他标准的诗歌烧毁，他非常认真地创作每一部作品，诗歌也成了他日常生活中不可或缺的伴侣。从某种意义上说，他也是我们常说的工作狂之一，因此我们应该期望他留下的作品比现在更多才更合理。

因此，我们应该反思，是否真的做到了完整地保存了他留下的精神财富。只有这样，我们才能更好地继承和发扬阿勒库勒的精神遗产。

在乔尔蓬阿塔地区，有一位名叫库尔曼拜的人向我透露了一个情况：阿勒库勒去世后，有人冒充他的朋友取走了部分手稿，但这些手稿究竟是否被完整记录在档案中，我们就不得而知了。

另外，据了解，阿勒库勒去世后，他生前的财产、收藏的书籍和手稿都被保管在瑟尔哈和波洛特别克手中，直到1956年被归档。而在这段时间内，我们可能失去了很多珍贵的资料。

我注意到，阿勒库勒每次完成创作都会明确地记录下时间和日期。但在阅读其1947年、1949年和1950年的手稿时，我发现记录的内容非常少，甚至有很大一部分可能遗失了。那么这些手稿是怎样消失的呢？可能它们藏在某个收藏家的家里，也可能被某些人私下使用，甚至有可能落入了不懂其价值的人手中，遭到了不可挽回的毁灭。我无法得出一个明确的结论。

从小，阿勒库勒就发现了自己对诗歌的热爱和激情。他渴望创作出有洞察力的、有深度的作品。在他的手稿中，我发现了一句话："如果我要用诗歌编织一条巨型的地毯，我希望它的重量足够重，只够整个吉尔吉斯人掀起它的一角。"

阿勒库勒引用了他的精神导师肖塔的一句话，并将其记在了自己的手稿上。他将这句话视为日常提醒的重要媒介，并加以反思，肖塔说："只有那些为了创作伟大作品而不断努力的诗人，才能够从深层次上理解和表达人们的情感和思想，才能够得到真正的诗人的尊重。"

阿勒库勒一直在追求创作出自己的伟大作品，这种作品不仅包含他自己的文化和思考，也包含了人类对世界的理解和智慧。也许，这部名为《阿克莫尔》的作品就是他所追求的匠心独运的杰作！在他 1944 年的手稿中，有这样一句话："如果我还有时间，能够继续让自己活在世上，我必定会通过诗歌的形式，独特且与众不同的视角，将《阿克莫尔》完美地呈现于世人面前，这是我最大的心愿。"

那么，阿勒库勒一直心心念念的《阿克莫尔》到底怎样呢？《阿克莫尔》是一部爱情史诗，它描述了吉尔吉斯人的历史、文化和习俗，包括社会生活和爱情等多个方面。这部作品对于吉尔吉斯人来说是家喻户晓的，作家们以它为背景创作故事，演唱家们以它为灵感创作歌曲，诗人们则以它为题材创作诗歌。

阿勒库勒想要填补这个空白，他想把自己有限的生命献给这个困难而又伟大的工程。因此，完成《阿克莫尔》成了阿勒库勒最大的心愿。他渴望以自己独特的视角和才华，为吉尔吉斯人创造一部永恒的杰作。

1944 年，阿勒库勒勤奋地投入到创作中，他完成了《阿克莫尔》的舞台剧剧本，标志着他正式进入到对《阿克莫尔》长诗的创作阶段。即使只是阅读了开头，也能体会到这是一部非常宏伟的作品，其中充满了对当时人文历史的深刻反思与体验。

在整个创作过程中，阿勒库勒用心地查阅了大量的资料，包括著名学者巴尔托德相关的研究成果。在撰写舞台剧剧本时，他亲自与当时实力派演员交涉，并确定适合饰演每个角色的演员，以保证作品的完成度和质量。

诗人心怀大志，欲完成一部长篇巨作，却终因日渐严重的病情无法继续下去。在他的手稿上，写满了他几近绝望的话语，措辞间充满了深沉的哀愁："把你留到下次了，后会无期(1945 年 1 月 28 日,阔依萨热)。"这句话反映出他对未完成的心血之作,以及未完成的人生旅途的遗憾和不舍,更凸显了现实之残酷,让人甚感不安。或许正是因为诗人的离去,才让这段不完美的创作得以存在并继续传承,感动和震撼着更多的人。这场永别用深沉的思索让我们警醒:珍惜我们生命中的每一天,以及我们所拥有的每一份爱和珍贵的经历。

　　阿勒库勒在人生最后想创作什么样的作品？

　　没有诗人 1950 年整理和撰写的本子、手稿、诗歌。我们看看其手迹中保存的书页。他有很多想法。他想创作一部名为《吉尔吉斯姑娘》的戏剧诗。这是一部关于工人之女的作品。诗人是这样构思戏剧诗的内容的："序；工人是时代的血液，尤其是生活的新鲜血液；时代因工人而显得美好，生活因工人而充满激情；没有工人就没有生活；没有工人的民族死气沉沉；工人的特征：无私、健康、善良，等等。因此，主人公古丽贾玛丽向往工厂。她渴望去工厂工作。"

　　戏剧诗没有写完。似乎，对阿勒库勒来说还比较陌生的工人生活，各式各样的工人性格特征、人生命运等还不足以支撑他写完。就在当年初秋，诗人想要创作名为《少女的笑声或关于一位卖奶人》的抒情戏剧诗，关于名为"阿普雷伦卡"的牛犊的幽默诗以及各类诗歌。阿勒库勒的诗歌中，不仅仅是人，甚至叫阿普雷伦卡的牛犊都祈祷：愿我牛奶丰盈。愿人们病情痊愈。愿小孩儿苗壮成长。愿我能成为工人的良药。

　　写完这些想法不到四个月，阿勒库勒去世了。总之我们不知道诗人写了多少，因为我们没找到手稿。俗话说，离别之情伤人心，祸害生命。不过，虽然死亡带走了阿勒库勒，却未能带走诗人的心、在世时留下的真爱。回想诗人的诗歌：

> 我阿勒库勒这名字，
> 一年就可能被遗忘。
> 但因为我是一诗人，
> 我想被铭记一千年。

后记

　　关于阿勒库勒的一生，目前我只想说这些。我不是想一个劲地称赞他，诗人不需要这些。再说了，也已经有了从学术角度出发的很多关于阿勒库勒的批判文章、书籍、悼念文章、诗歌等作品。他们评判阿勒库勒高超的写作技巧、为创作进行的探索，论证了他是一位富有思想的诗人，论证了他是劳动的、友谊的、自然界的、时代的号召者。

　　除此之外，不会有关于诗人的总结性话语。好的诗人的诗，会随着时间的流逝掀开面纱，变得越来越新。诗人所创作的诗歌财富不会枯竭。读者会用心去欣赏作者，会用一辈子寻找作者的诗歌，并做出评价。

　　阿勒库勒敬重时代，热爱生活，不敷衍别人，懂得尊重他人。他一生都在劝善民众，一生都在直面生活的苦难，热情地面对生活。阿勒库勒是一位一生都在追求自己以及他人的内心世界纯洁无瑕的人。阿勒库勒短暂的一生都是在"面对生活开怀大笑尽善意，对这世界没有一点歪心意"中度过的。他淡泊名利，看淡钱财，呼吁慷慨，厌恶浮名，用词巧妙，善良谦虚。在他每一首诗中都能看到他的欢乐、公正以及悲伤。他的诗给人一种不是在写自己而是在写你我、在探讨我们内心的感觉。

诗歌是诗人的生命,生命是诗人的诗歌。如果诗人把生命的激情像普罗米修斯将圣火紧握在手一样,把它用于真理;生活中不仅仅为自己考虑,而是为人民的公平而斗争的话,那他应该就会留下值得回忆的人生历程和可敬可畏的功绩吧!

作为一名想探究他的辛苦成果和作为的人,重述阿勒库勒的生命足迹,将隐藏在手稿、诗歌中的诗人的形象展现在您眼前。在这篇关于诗人的简短介绍的最后,我想说:对我来说,关于阿勒库勒的研究并没有到此结束。更多的研究在未来。在不久的将来,还会有对诗人的生命、作品的辛勤的研究。他对我来说是唱不完的歌、不会枯竭的源泉、听不尽的美妙曲子……是永恒的铃铛。

我仍然从绵延不绝的云彩和太白星方向寻找着诗人阿勒库勒。就像我年轻时候的猜测那样,把一生都献给诗歌的诗人在生命的高地俯瞰着这个世界。仿佛从他那边的高处传来阿勒库勒如百鸟齐鸣似的袅袅余音。诗人就应该像阿勒库勒说的那样"尝遍人生百苦毒""钻天杨般向天长""崇敬诗歌的力量",成为对时代、党、人民有用的人。